Derrotas

**Conversaciones con cuatro poetas
del exilio latinoamericano en México**

Derrotas

Conversaciones con cuatro poetas del exilio latinoamericano en México

Homero Carvalho Oliva ▣ Pedro Salvador Ale
Saúl Ibargoyen ▣ Carlos López

Francisco Trejo

*Derrotas: conversaciones con cuatro poetas
del exilio latinoamericano en México*, Francisco Trejo.
México: Editora Nómada, 2019, 1ª ed.

D.R. © 2019, Editora Nómada
D.R. © 2019, Francisco Trejo Hernández

ISBN: 978-607-98512-9-3

Cerro del Otate 21
Col. Romero de Terreros
Coyoacán, CDMX, 04310
contacto@editoranomada.mx
www.editoranomada.mx

Diseño Editorial: Liv Mendoza
Edición y cuidado: Katia Ibarra Guerrero

Impreso y hecho en México
Printed and made in Mexico

Nota preliminar

Derrotas es la reunión de cuatro entrevistas a poetas del exilio latinoamericano en México que realicé entre 2017 y 2018, como resultado de mi interés por la relación entre poesía y destierro. Homero Carvalho Oliva (Bolivia), Pedro Salvador Ale (Argentina), Saúl Ibargoyen (Uruguay) y Carlos López (Guatemala), son los autores que, en estas conversaciones, esbozan un recuento de su éxodo y reflexionan acerca del exilio desde un punto de vista ontológico, además de vincular esta condición con la creación literaria y, más específicamente, con la composición poética.

Este diálogo con escritores que vivieron de cerca la violencia ejercida por el poder de sus diferentes gobiernos, durante el siglo xx, se justifica ante la falta de material teórico representativo de la lírica latinoamericana producida en un contexto de dictadura y desplazamiento forzado. Por tanto, esta contribución de crónica de la poesía se suma a la búsqueda de preguntas y respuestas ante la historia inmediata y la producción de literatura. Las entrevistas aparecen en el orden en que las fui realizando, y en ellas se repiten algunas preguntas que he considerado esenciales, para encontrar convergencias o divergencias en el pensamiento de mis colocutores.

Cabe señalar que Ale, Ibargoyen y López decidieron radicar en México al concluir su exilio; caso contrario al de Carvalho Oliva, quien logró reincorporarse con éxito a su país de origen en 1981, sin perder de vista que este noviembre de 2019 se ha repetido, de nueva cuenta, un golpe de Estado en Bolivia. Frente a esto, pareciera que la historia de las dictaduras militares en América Latina llegó a su fin con el arribo del nuevo milenio; pero este tipo de testimonios demuestran que se trata de un proceso vigente y dilatado, ya que tres de los poetas aquí reunidos se encuentran con vida y aún no detienen la realización de su obra. De hecho, la entrevista a Ibargoyen en este soporte puede leerse como la última que aceptó realizar, ya que murió a los 88 años, poco tiempo después de que la concluyéramos.

El lector tiene ahora cuatro voces distintas en torno a una experiencia crucial y de menoscabo, por eso agradezco la colaboración de cada uno de los autores que, a distancia y en la intimidad de sus espacios de trabajo, aceptaron responder por escrito a las preguntas que formulé y que hoy se integran en el presente libro. Esta forma de entrevista escrita conserva, a mi parecer, el estilo de cada autor, y da paso a una respuesta meditada, sin la presión de la pregunta en directo que requiere respuesta pronta, con la emoción de por medio que puede conducir a imprecisiones.

Respecto al título de este libro, me pareció prudente utilizar un vocablo en el que se encontraran las diferentes ideas de los poetas y que, a su vez, tuviera un vínculo con el fenómeno del exilio. La palabra derrota, entre sus diferentes significados, tiene dos que aportan a este propósito. Por un lado, denota la ruta marítima de una embarcación; por otro, el vencimiento y la destrucción que puede experimentar una persona. Josep Solanes, médico e investigador, señaló la existencia de personajes con «mentalidad oceánica» en este tipo de poetas que escriben sobre el exilio, y el hecho coincide con algunas declaraciones de los entrevistados. El poeta, en la circunstancia exiliar, es una especie de marinero que anhela el regreso a tierra firme, mientras va trazando el derrotero en su carta de navegación. Por último, el tema de la *derrota* como rendición salió a flote durante estas charlas, por lo que lo considero notable. De manera que la poesía puede ser el medio de reivindicación del individuo y el testimonio para recordar a las futuras generaciones lo que el ser humano es capaz de hacer a otro ser humano, con la finalidad de no volver a repetir las mismas atrocidades en contra de la propia especie.

Francisco Trejo
Ciudad de México, a 07 de diciembre de 2019

Homero Carvalho Oliva:
el éxodo de Anteo

Homero, háblame de las circunstancias que te orillaron, primero, a salir de Bolivia, tu país de origen y, segundo, a decidirte por México como país de asilo.

El 17 de julio de 1980 tomó el poder, en Bolivia, el dictador Luis García Meza. Ese nefasto día asesinó entre otros a Marcelo Quiroga Santa Cruz, jefe del Partido Socialista Uno; a Gualberto Vega, líder sindical minero y a Carlos Flores, jefe del POR-Posadas, en los días sucesivos se cometieron masacres en las calles y los dirigentes políticos, sindicales y universitarios, tuvimos que ponernos a buen recaudo. En esa época yo militaba en el Grupo revolucionario Octubre, una organización de izquierda nacional, y era dirigente de la carrera de sociología, de la Universidad Mayor de San Andrés, de La Paz; con unos amigos y compañeros supimos de una lista que la «narco dictadura» tenía para perseguir y apresar a ciertos dirigentes; en ella estaba mi nombre. Conocía la tradición de México de proteger y amparar a los exiliados y por eso decidí irme para allá. Ahora, muchos años después, frente al teclado, pienso que fue una acertada decisión.

¿Cuándo regresaste a Bolivia, cuándo terminó el exilio en México?

Estuve cerca de dos años en México, retorné a finales de 1981, luego de visitar Managua, Nicaragua, invitado por una organización juvenil para conocer la Revolución Sandinista que se iniciaba en el país de Rubén Darío. Allá nos recibió la Comandante Mónica Baltodano, hoy una reconocida historiadora de ese proceso, y nos llevó a conocer a los hermanos Ortega, Daniel y Humberto. También conocí a Ernesto Cardenal, que era ministro de cultura. Estas visitas marcaron mi vida. Ahora me pregunto: ¿Cómo es que una revolución tan linda se jodió tan rápido? Volví a Bolivia porque García Meza ya no estaba en el poder, otro militar lo reemplazaba y se hablaba del retorno a la democracia. Ya había cesado la represión y no había persecución.

¿Qué significa, desde tu experiencia personal, terminar con el exilio, volver a casa?

En Nicaragua me pregunté si yo quería quedarme en ese país y convertirme en un internacionalista o volver al mío; opté por lo segundo porque soy como Anteo, del mito griego, para recobrar mis fuerzas necesito de mi tierra, de mis amores y desamores, de mi familia, de mis paisajes, de mi cultura, de mi patria ¿qué otra cosa es la patria?

Tomando en cuenta esta pregunta que hiciste, ¿consideras haber experimentado alguna especie de crisis de identidad? Mencionaste, a su vez, a Anteo, un personaje mítico que en cierto modo ofrece una idea del replanteamiento de tu propia persona. Entonces, ¿la patria también puede hallarse en la literatura misma, en un momento de crisis, y sugerir arraigo e identidad?

Creo que sí, el lenguaje es la patria final de los escritores y en ese territorio me sentía cómodo, aunque era un principiante reconociendo el mapa, los caminos, las ciudades, aprendiendo a manejar la brújula de los cuentos y buscándome en cada frase que escribía y en cada texto que leía. Quería creer que mi nombre era un destino, que por algo mi padre me había bautizado con el nombre tan feo de Homero. Allí se fue formando el escritor que luego regresaría a Bolivia a enfrentarse a sí mismo.

¿Cómo fue ese regreso?

Cuando retorné de México tenía muy claro que quería ser escritor. Allá había ingresado a estudiar sociología en la Universidad Autónoma Metropolitana de Xochimilco, pero en Bolivia no quise continuar con mis estudios porque algo se había quebrado en mi interior para dar lugar al nacimiento de otro ser, eso me cambió para siempre. En la Paz, no seguí estudiando y me dediqué a cierta desenfrenada bohemia literaria con grupos de escritores que creían que el alcohol y la droga eran medios para la iluminación.

¿Cómo o cuándo te diste cuenta de que querías ser escritor? Me comentaste, en el instante en que nos conocimos, que asististe a algunos talleres de creación literaria aquí en México y que, incluso, formaste parte de un grupo de jóvenes que se reunían a escribir bajo un determinado nombre que les daba identidad. ¿Puedes hablarme más sobre ello?

A los pocos días de haber llegado al D.F., conocí a Juan Rulfo, era presidente del comité mexicano de solidaridad con el pueblo boliviano, hubo un acto de apoyo y el discurso central lo dio el mismísimo autor de «Luvina», uno de mis cuentos preferidos. Le estreché la mano y me dije a mí mismo que cuando fuera grande sería como ese señor: humilde, sencillo y grande. Estuve en algunos talleres, no recuerdo los nombres de los escritores que los dirigían, solamente el de Juan de la Cabada. El grupo de jóvenes se llamaba Netopía, un término compuesto de la «neta» y de la utopía. Éramos un contrasentido, pretendíamos ser irreverentes y experimentar con peyotes y esas cosas; incluso decidimos ir en busca de María Sabina y no sé si lo hicimos o simplemente lo imaginé. Era un grupo muy loco; les perdí el rastro a sus integrantes.

Una vez reubicado en Bolivia, ¿sentiste la necesidad de volver a México para establecerte en su geografía de nueva cuenta?

Siempre, soy un enamorado de México, del inmensamente grande D.F.; en ese país conocí el mar e hice amistad con revolucionarios de toda América Latina que se encontraban exiliados en esos años. Tupamaros uruguayos, montoneros argentinos, miristas chilenos, anarquistas españoles, senderistas peruanos, en fin… En esos años, México era un fiesta y los izquierdistas éramos los invitados. Yo mismo compartía un departamento con un exiliado uruguayo.

En varias oportunidades se me han frustrado viajes de regreso a México. En una ocasión, en el año 2006, me invitaron a un encuentro de Escritores en Monterrey y no pude asistir porque, justo en esos días, me salió un buen contrato laboral. Sin embargo, aparecí en un periódico de por allá como si hubiera asistido, seguramente porque mi nombre ya estaba en el programa y algún periodista fue al encuentro y pensó que yo estaba presente en la mesa redonda, incluso citó algunos comentarios ajenos como míos. Esas cosas que solamente la literatura produce.

Un detalle curioso, mi hija mayor Brisa Estefanía estudió en la Facultad de Medicina de Guadalajara y ahora ejerce su profesión en Playa del Carmen. Ella es mi vínculo con México, siempre que nos escribimos o hablamos por teléfono México está presente.

¿Cómo fue la relación que tuviste con Bolivia durante el tiempo del exilio?

De nostalgia, aunque nunca me dejé vencer por el chauvinismo, pues me adapté muy consciente a la cultura mexicana y la amé. Mi relación con Bolivia era a través de cartas o llamadas telefónicas (muy caras), incluso telegramas, ya sea con una enamorada o con mi familia. Ahora que lo pienso, esos medios de comunicación parecen tan lejanos, tan antiguos, como si fueran del siglo pasado y me siento viejo.

¿Cuáles fueron tus actividades principales en México?

El exilio boliviano se reunía permanentemente para analizar la situación nacional y las medidas a tomar, si bien yo era un simple dirigente estudiantil intentaba estar al día de lo acontecido en mi país. Ingresé a estudiar sociología a la Metropolitana y me dediqué a asistir a talleres de literatura. En México aprendí a sentirme orgulloso de ser latinoamericano, fui varias veces a Teotihuacán y al Museo de Antropología, así como a otros museos y ahí aprendí a valorar esas culturas tan monumentales y gloriosas. México me hizo apreciar lo mío, las culturas andinas y amazónicas que existieron en el territorio que hoy es Bolivia. Me asimilé con mucha pasión a la cultura mexicana, además hay que recordar que en esos años yo profesaba una profunda posición antiimperialista y eso es algo común en México.

En 1980 obtuviste un premio importante en México por el cuento titulado «Joñiqui». Háblame del proceso creativo de este texto, de cómo te enteraste del concurso y, a su vez, de la deliberación del jurado calificador.

Mi relación cotidiana, literaria e informativa, era con los medios de izquierda, en uno de los periódicos, no recuerdo si fue *La Jornada* o *Uno Más Uno*; salía una revista feminista, FEM, dirigida por un aguerrido equipo de escritoras y periodistas que en esos años feroces eran la vanguardia, mujeres como Elena Poniatowska, Elena Urrutia, Marta Acevedo y otras. Leyendo el periódico supe de la convocatoria al concurso de cuentos; sin embargo, como era muy joven –tenía 23 años–, no confiaba en la calidad de mis cuentos, así que les pedí a escritores bolivianos exiliados que los leyeran y todos, excepto uno, me dijeron que eran malos cuentos, que debía trabajarlos más. La excepción fue Ramón Rocha Monroy, un extraordinario escritor boliviano, él los leyó y generosamente afirmó que si presentaba «Joñiqui» ganaba el premio. Yo, todavía indeciso, le conté que otros escritores los habían descalificado y él me aclaró que lo habían hecho porque ellos también se iban a presenta al concurso. El jurado estuvo integrado por todo el equipo de *FEM*, presidido por Elena Poniatowska, y entre muchos cuentos de varios países eligieron «Joñiqui» como premio único, con una buena suma de dinero. Fue toda una sorpresa y una gran felicidad que me dura hasta el día de hoy. En esa época no era muy frecuente que los escritores bolivianos ganaran premios en el extranjero.

Como anécdota les cuento que, gracias al dinero del premio, conocí el mar –pues yo soy de un país mediterráneo–, y me fui a Acapulco. La pasé muy bien y me gasté la mitad del dinero, pero esa es otra historia.

¿Cómo te percibiste frente al mar, esa metáfora del exilio, que con violencia expulsa animales tan enormes como las ballenas que un día amanecen varadas?

Para mí fue muy extraño. Yo soy de un territorio de grandes ríos de agua dulce, sé nadar muy bien, como los bufeos, y al meterme al mar sentí el sabor salado del agua y la imagen mítica y romántica que tenemos los bolivianos por el mar que nos arrebataron los chilenos, en una guerra en 1879, se cayó junto con la ola y aterricé de golpe en la playa, mirando a gringos blancos y obesos tirados en la playa como esas descomunales ballenas que nombras. Me sentí extranjero, ese mar no era el mío.

Volviendo a lo de «Joñiqui», el texto se desarrolla en un lugar de Bolivia, aunque se alude al cine mexicano en alguna parte. ¿Por qué elegiste que fuera Bolivia el escenario de tu cuento? ¿Por el deseo de recorrer imaginativamente lo que se había quedado atrás? ¿Por cierta nostalgia y anhelo de volver?

En Bolivia, en la época de mi niñez, había mucho analfabetismo y en el pueblo en el que nací muy pocos sabían leer y escribir, así que las películas mexicanas eran las preferidas. A decir verdad, «Joñiqui» y otros cuentos ya los había escrito en Bolivia y me los había llevado para corregirlos allá e intentar publicarlos. Nunca pensé en un premio; sin embargo, fue lo mejor que me pasó y afirmó mi vocación literaria. Recuerdo que, ni bien supe el resultado, le envié un telegrama a mi padre que también era escritor. Me imagino su orgullo.

¿Cómo fue ese momento en que supiste el fallo del premio?, ¿qué te comentaron de tu cuento, en general, amigos y conocidos, el jurado y los organizadores del certamen?

La dicha misma. Los amigos, tanto bolivianos como extranjeros, se pusieron felices, era un triunfo de la comunidad de exiliados; así que cuando salió publicado el cuento todos compraron la revista para leerlo. Nos emborrachamos varias semanas con ese pretexto.

Independientemente de los temas que se tratan en el texto, entre ellos los crímenes en contra del género femenino, un tema vigente en países como los nuestros, ¿cuáles fueron tus preocupaciones artísticas en ese instante?

En ese momento mis preocupaciones sociales y artísticas eran las de un revolucionario latinoamericano que buscaba denunciar la injusticias a través de la literatura, aún hoy lo siguen siendo porque todavía existen muchas asignaturas pendientes. Sin embargo, creo que ahora tengo un compromiso mayor con la palabra. Acabo de cerrar una trilogía poética inspirada en las civilizaciones y pueblos indígenas de la Amazonía boliviana, que se inició con el poemario *Los reinos dorados*, siguió con *El cazador de sueños* y concluyó con *¿De qué día es esta noche?*, presentado en Quito, en el marco del Noveno Festival Internacional de Poesía en Paralelo Cero, donde nos conocimos. Ese poemario es un salmo contra la desaparición de los pueblos indígenas, porque cuando desaparece uno de ellos, mucho de nuestra humanidad se pierde por siempre jamás. Con ellos se pierde una manera de decir *te amo, padre, madre, río, ave...*

¿Pensaste en algún tipo de público para tu cuento? Dijiste que fue escrito en Bolivia, pero al pensarlo como una tentativa para concurso en México, ¿tuviste algún tipo de conflicto con el lenguaje, antes de decidirte por emplear el registro del argot boliviano? ¿Cómo fue la experiencia con el lenguaje en ese determinado momento de creación literaria, o de corrección, como has mencionado?

Cuando escribo solo pienso en mí mismo como primer lector y pretendo ser un lector exigente, intento escribir algo que no he leído. Conozco muy bien el lenguaje de los pobladores de la selva amazónica porque nací en ese territorio de grandes ríos y gigantescos árboles. Ahora bien, al corregirlo puse atención en que debía ser entendido en cualquier contexto y así lo trabajé, recordando a García Márquez que afirmaba que solamente se puede ser universal siendo genuinamente local.

¿Influyó tu condición de exiliado para la elaboración de otros textos literarios?

En otros cuentos que escribí allá en México, sí influyó mi condición de exiliado, de extrañado...

¿El exiliado es un extraño? ¿En qué sitio?, ¿en el país de asilo o en su propia patria?

A veces es un exiliado para sí mismo, porque ya no se reconoce en su propio país. Algunos de ellos habían pasado tantos años en México que perdieron todo en sus propios países y no sabían cómo enfrentar un eventual retorno. En el caso de los bolivianos, habían los que se pasaban el día comparando los alimentos, los productos, el transporte, con Bolivia: «Allá es mejor», decían nostálgicamente por la patria, aun sabiendo que no era cierto; dejé de relacionarme con ellos porque me enfermaba su actitud negativa.

Literariamente hablando, ¿qué importancia tiene tu exilio en México?

México definió mi vocación literaria; sin ese premio y sin los talleres de literatura a los que asistí en el Instituto Nacional de Bellas Artes hubiera tardado más en definirme. Soy lo que soy gracias a México y eso no lo olvido nunca.

¿Por qué pasar de la narrativa a la poesía?

Con los años y la experiencia acumulada he llegado a la conclusión de que los escritores, cuando escribimos narrativa, somos unos dioses creadores: creamos personajes, espacios, tiempos, circunstancias e historia; en cambio, en la poesía, esta es Dios o Diosa y nos hace su personaje en el poema. Busco en el poema responder a las preguntas que la filosofía me plantea. En 1983 publiqué mi primer libro de cuentos *Biografía de un otoño* y recién en 1995 publiqué una novela *Memoria de los espejos*, que ganó el Premio Nacional de Novela ese año. Con la poesía tardé mucho más; no fue sino hasta 2010 que salió mi primer poemario. He tenido la suerte –que es otro de los nombres de la Divinidad– de obtener premios en los tres géneros: poesía, novela y cuento.

¿Pasar de un género a otro, podría ser una especie de exilio? Es decir, ¿hay momentos en que el espíritu humano no puede expresar algo con una forma y necesariamente te se ve obligado a salir de ella y buscar asilo en otra?

Es una fascinante manera de describir el paso de un género a otro. Parafraseando a Chéjov, yo diría que la narrativa es mi hogar, sé que en algún momento voy a llegar a casa; la poesía, en cambio, es como una casa de citas que siempre cambia de lugar para no ser descubierta por la policía y a veces me pierdo buscándola, camino a tientas por callejuelas oscuras, pero también debes saber perderte.

¿Te sientes bien ahora en tu país?

Muy bien, he superado muchas cosas con el apoyo de mi familia, de Carmen, mi compañera, de mis hijos, Brisa Estefanía, Luis Antonio y Carmen Lucía. Mañana espero escribir mejor que ahora.

¿Cómo defines el exilio?

El verdadero exilio es el interior, cuando de pronto amaneces y el país –y todo lo que significa– no está contigo; el propio desarraigo, cuando te das cuenta de que hay un país extraño en tu interior y, sin embargo, sabes que es el tuyo.

Pedro Salvador Ale:
hallar la brújula
en las navegaciones

En una entrevista realizada por Ronald Haladyna en 1993, afirmas que, tras años de tensiones políticas en tu país, decidiste exiliarte, no como perseguido político, sino como un artista que no «encontró un ámbito en el que pudiera desarrollarse». Hoy, después de 24 años de haber respondido lo anterior, ¿lo sigues sosteniendo? ¿No te exiliaste debido a tensiones políticas en tu país que te involucraran de manera directa?

Sí, hay algunas incoherencias. En realidad son muchas las razones del exilio. No era sólo hallar un «ámbito propicio» ni que fuese un «perseguido político», sino que lo más importante era preservar la vida. Hice el servicio militar entre 1975 y 1976 en Buenos Aires y me tocó como soldado vivir el Golpe de Estado. En esa entrevista no lo quise decir, no sé por qué, pero la razón esencial fue que uno de mis maestros, hermano de un sindicalista importante de Córdoba, llegó a mi casa para decirme que habían detenido a su hermano y que en la redada encontraron las cartas, que yo le había mandado desde el ejército, donde le contaba de los secuestros y desapariciones que estaban sucediendo. Me dijo que irían por mí, por lo que debía abandonar el país. Así fue, no pertenecía a ningún partido político ni a ninguna organización, pero sí, fue un motivo político. Así que agarré un bolso con un par de camisas, una campera, un ejemplar de mi primer libro de poemas y una libreta, y me fui a Mendoza, donde crucé clandestino a Chile.

¿Por qué decidiste refugiarte en México?

Mi llegada a México fue también debido a la amistad; en los meses previos a mi salida del país, había conocido a un mexicano que estaba tomando un curso especializado en la Universidad de Córdoba. En la ciudad se respiraba en el aire el olor a muerte, había sistemáticas desapariciones, y era un secreto a voces lo que estaba sucediendo, así que este amigo mexicano me dijo que, si se daba el caso y tenía que abandonar el país, me fuera a México, que él me esperaría en Toluca y que podía estar más seguro. Claro que en México, más allá de su apertura a los exiliados sudamericanos, existía también el Plan Cóndor, aplicado en contra de mexicanos progresistas a los que también desaparecían.

¿Quién era ese amigo mexicano?

Ricardo Gómez Urueta, un amigo de quien tengo recuerdos muy gratos y que me apoyó a mi llegada, hasta que tomé mi propio camino, sin que por eso nuestra amistad quedara trunca. Las veces que nos vemos siempre son con aprecio.

Mencionas una cuestión interesante. ¿Por qué, sabiendo de un movimiento tan ligado a los crímenes de Estado durante las diferentes dictaduras de América Latina, como lo es el Plan Cóndor, decidiste quedarte en México y no partir hacia otra geografía, llamémosla, «más neutral» o «menos caliente»?

Porque era el país del continente más alejado de la Argentina, y no estaba bien enterado de la manera en que en México se aplicaba el Plan Cóndor. Esto lo desconocíamos los argentinos; pasados los años fuimos descubriendo estas verdades. En Perú, donde estuve seis meses, me habían ofrecido irme a Suecia. Me decidí por México, bajo la premisa de que en Suecia mi labor aportaría poco o nada. Y que quizá en México habían más cosas por hacer. Además estaba el idioma como barrera y otras cosas que me habían contado sobre Suecia, donde no creí que mi temperamento latino se adaptara. Con esta declaración creo que ya no me darán el Nobel, pero es la verdad.

Una vez en México, desprendido del contexto hostigador de la Argentina de aquellos años, ¿experimentaste algún tipo de amenaza o preocupación relacionada con tu salida fortuita del país?

Una vez ya instalado en este país, no sentí ningún tipo de amenaza relacionada al gobierno argentino, aunque sí sabíamos de espías que trabajaban enviando información. Había mucha desconfianza, incluso entre compatriotas, más allá de la convivencia, de los conflictos emocionales y síquicos, de la paranoia, de la melancolía y la nostalgia, fue un choque cultural muy fuerte para mí. Por eso, en una entrevista del 85 para *Excélsior*, me preguntaron si yo había asimilado la cultura mexicana, yo dije entonces que no, que ella me había absorbido por completo.

¿A qué te refieres cuando dices que la cultura mexicana «te había absorbido por completo»?

Me refiero a la cultura en todos sus sentidos, desde las comidas hasta las costumbres más vitales, la vastedad de su historia y de sus regiones, su música y sus tradiciones, sus artistas de todos los tiempos y su manera esencial de ver la realidad. Todo era aprendizaje y conocimiento. La cultura mexicana me sirvió para sacarme de estar pensando sólo en lo que había dejado en Argentina.

«40 años del exilio» se escribe fácil, con unos cuantos vocablos, pero ¿qué quiere decir para ti esta suma de años desde el momento del exilio? ¿En qué piensas al asimilar todo este tiempo?

Dices 40 años del exilio, aunque en Argentina haya gobiernos «democráticos» desde 1983, ¿por qué no estar allá? El que sale exiliado ya no puede regresar más, aunque vuelva a su tierra. Sencillamente porque hay un espacio de ausencia que no volverá a ser llenado nunca, más allá del amor a la tierra y a la gente, hay lazos que se cortaron, lo cual, tampoco es malo. Yo siempre digo que el exilio me volvió más universal, porque rompes fronteras y banderas, te haces más solidario, más fraternal, más humanitario. Y lo más importante es la vida. La vida con sus deslumbramientos y sus horrores está en todas partes, no pertenece sólo a un país del mal llamado «primer mundo», ni está lejos de la isla más pobre del planeta. La vida está más allá del confort y de la pobreza. Es una creencia errónea pensar que sólo la economía definirá tu estado existencial; la mayoría de la humanidad ya hubiera desaparecido, si fuese así.

La suma de años del «exilio» tiene el significado de haberlos vivido, bebido y amado plenamente; y en un instante que no sabes, te das cuenta de que ya no puedes llamar exilio a tus días, quizá «desexilio» como lo resumió Benedetti, porque otra tierra te abrazó y te enseñó a quererla, claro, siempre a su manera, pero amándola al fin, tal vez sin comprenderla del todo, pero amarla sí. Y allí está la recompensa del tiempo, no hay nostalgia de nada, sólo seguir siendo testigo de la vida a través de la palabra y de la pasión, de la escritura.

¿Cuándo te diste cuenta de que amabas tus años de exilio y la tierra que te dio asilo?

Pasaron muchos años, hasta principios de los noventa, donde alcancé cierta madurez respecto a cosas de la vida. Uno no puede vivir del pasado. Decidí que debía plantearme que nunca regresaría a vivir a la

Argentina, o dejar esa decisión a las circunstancias de la vida, pero no rayarme con eso, porque ni estaba allá ni acá completamente. Siento que esa decisión me sirvió para eliminar una ambigüedad constante. Por supuesto, sin que menguara un ápice el amor a mi tierra de nacimiento, sino que mi relación con ella iba a ser de manera diferente. Y sí, esa concepción me ayudó de manera espiritual y humana. Al mismo tiempo decidí amar plenamente, abiertamente a México, no ocultar mis sentimientos sobre sus valores y sus gentes, aunque lo decía, no lo hacía de la manera profunda como cuando comencé a amarla. Todo comenzó a ser como si amara a dos mujeres a la vez, y que a ninguna podía traicionar ni querer menos. Dos mujeres casi desconocidas, que al mismo tiempo supieron que también me amaban, a través de ciertos detalles, es cierto, amor a mi poesía a través de sus gentes, amor al fin.

En la entrevista a la que se hace alusión en la primera pregunta de esta entrevista se dice que rechazas la idea de que la política interviene en tu obra. ¿Podrías ampliar esta idea?

La idea de la poesía como un instrumento de la política para mí es imposible. Son dos mundos distintos. Dos lenguajes antagónicos. Mientras la poesía busca la expresión más profunda de lo humano: la belleza y la libertad, la política busca el poder y el control de las personas, la persuasión, la manipulación y el miedo. Así que aunque haya poesía que toque el corazón de un pueblo, no creo que hacer política deba ser la función de la poesía, eso se da más allá de la intención del poeta. Creo que el poeta no puede tener control sobre la poesía ni en general de lo que escribe, ni siquiera de su propia vida, sólo responde al enigma mismo del no saber por qué se escribe en estos «tiempos de penuria». Es una necesidad misteriosa, quien diga que sabe por qué escribe, para mí está mintiendo, sin saber mentir. Sin embargo, debo aclarar que el poeta como ciudadano tiene una obligación ética y humana de participar en la realidad, teniendo conciencia social y opinión sobre algunos temas, aunque la mayoría de las veces se equivoque. Y lo he dicho: la manera más rápida de alcanzar el desprestigio para cualquiera, es meterse en política. La intención de hacer política para un poeta es escribir mejor poesía, defender el lenguaje, la belleza, la palabra, la identidad cultural, la justicia y la libertad, ser un hombre ético.

Has dicho «belleza» y «libertad», un binomio tan antiguo, relacionado con la poesía desde el paradigma platónico. ¿Cómo concibe un poeta como tú ese binomio? Es decir, ¿de qué se libera el poeta de la época contemporánea y cómo lo consigue?

Bueno, un verdadero poeta no puede separarse de esa pareja: la libertad es la única manera en que se puede lograr la belleza, no se puede crear si no te entregas plenamente al abismo del sí mismo, y la belleza resplandece ante esa libertad, más allá del lenguaje; diría que son las dos alas con las que vuela la creación. La libertad de ser uno mismo crea la belleza.

Y ¿de qué se libera el poeta en nuestro tiempo? Diría que de no caer en los lenguajes mediáticos del poder o de las modas literarias que el mismo sistema oficial promueve y defiende. Antes que nada el poeta debe ser inatrapable por esas tentaciones efímeras. Debe defenderse siguiendo la tradición de sus hermanos mayores.

¿Qué relación existe entre tu poesía y la llamada «poesía del compromiso»? ¿Encuentras algún vínculo entre tu obra y esta categorización de la poesía o simplemente dirías que tu poesía atiende a ciertas inquietudes colectivas de la época contemporánea; es decir, que está más apegada a la búsqueda del Zeitgeist, *como se señala en la entrevista de Haladyna?*

Insisto que «el compromiso» del poeta es con el lenguaje y el ser humano, empezando por él mismo, teniendo fidelidad a su visión de las cosas de este mundo; si coincide con las inquietudes colectivas que se viven, será porque no es ajeno a lo que sucede a su alrededor, a lo humano que percibe, a lo que le duele y ama y goza, pero no como una proposición premeditada, creo que la escritura poética no se puede programar. Un caso excepcional es el del poeta Miguel Hernández que supo hacer una gran poesía de militancia, pero reitero, era algo que salía desde adentro, de las entrañas, más allá de las ideologías. Del mismo modo no creo que haya una búsqueda consciente del *Zeitgeist*, sería demasiado racional, perdería misterio y, como lo dijo nuestro querido poeta Carlos Pellicer, «la poesía que no contiene misterio no es poesía».

¿Consideras que tu poesía atiende a una preocupación expresiva encaminada a una ontología del poeta exiliado, o bien una ontología de la poesía del exilio?

En este caso, creo que es la búsqueda del *Ser.* Aunque si hablamos del exilio del poeta: ¿qué poeta no lo es? El poeta es un rebelde marginado del sistema, como se ha dicho metafórica y neorrománticamente o simbólicamente, como quieras, el poeta es un ángel caído a quien se le dio como castigo honrar a la creación con sus palabras, con sus versos a modo de oración. El poeta es un loco que habla un lenguaje comprendido por una inmensa minoría, pero amado por muchos por expresar esa utopía de rescatar y valorar las palabras que le dan sentido a las emociones humanas.

Para ti, ¿cuál es la utilidad de la poesía y cuál el valor moral del poeta?

La poesía verdadera, de nuestros referentes clásicos y universales, así como la de muchos contemporáneos, nos han enseñado que la «utilidad» de la poesía es que no se vende en el mercado, que es inatrapable por la mercadotecnia, aunque haya muchos intentos por condicionarla; su «utilidad» radica en la libertad que nos enseña, los sueños que nos trasmite y que toca nuestros sueños dormidos y los pone en movimiento: conseguir la belleza de elegir, contemplar, imaginar y cantar desde la palabra el testimonio existencial.

En cuanto al valor moral del poeta, me parece que sería mejor hablar de valor ético, que está más relacionado a la estética. Un poeta puede ser cuestionado, como cualquier otra persona del oficio o de la profesión que sea, por la manera en la que realiza su tarea, el valor estético de su obra, no por la clase de persona que es, en cuanto a su comportamiento. De todas maneras, ante lo que sea violar las leyes o las buenas costumbres o las estructuras morales, o delinquir, o conspirar contra el sistema, aparece el poeta; supongamos que en una reunión hay veinte personas y una de ellas es poeta, las autoridades, en una redada, del primero que sospecharían es del poeta, eso sin ninguna duda. Por eso los han asesinado, hay muchos ejemplos de ello. El poeta y el artista en general no podrán sacarse jamás el estigma, ese «rayo celeste en la frente» del que hablaba Darío, el de la rebeldía, el de ser transgresor de todos los reinos. Ser un poeta verdadero siempre será sospechoso: incluso, para los innumerables que escriben y publican, pero que no alcanzarán nunca el fuego de hacer poesía, porque para ello se requiere «una poca de gracia, y otra cosita y arriba, arriba iré… yo no soy marinero, soy capitán…».

Toda dictadura se ha planteado una reestructuración de valores dentro de la cultura. ¿Consideras que el papel del poeta exiliado es realizar una crítica y promover la prevalencia de dichos valores que fueron puestos en riesgo?

Sí, además de los valores y la moral, el poeta debe poseer un compromiso civil con las causas humanas.

Tiene la posibilidad de expresarse a través de artículos, conferencias, entrevistas, ensayos, sobre lo que ve como un riesgo para su país. Eso lo hicimos muchos. No era sólo la escritura poética; el trabajo periodístico y académico fue fundamental.

¿Crees que exista una discursividad particular dentro de la poesía del exilio como resultado de un fenómeno social de alto impacto para el individuo?

Creo que sí, aunque cada caso sea diferente, el poeta posee una especie de antena que recepta de un modo distinto lo que está viviendo: el desarraigo, la nostalgia, la incertidumbre; además de las trampas que le pone la memoria a cada instante. Y no sabe si volverá a ver a su familia, a sus amigos, a sus conocidos. Bajo esta perspectiva, lógicamente su escritura responderá a esa experiencia; de ese conflicto interior con lo que le pasa, surge la palabra como una tabla de salvación, para no volverse más loco y dejarse matar por enemigos de carne y hueso, o por sus propios fantasmas y pesadillas.

¿La literatura del exilio manifiesta algún tipo de derrota?

Absolutamente. Uno tuvo que admitir que fue derrotado por la fuerza bruta de la dictadura. Fue el primer paso para llegar, no sólo ideológicamente, sino desde el punto de vista sicológico y emocional, a lo que podemos denominar la contraderrota. La respuesta tuvo muchas vertientes, la escritura y difusión de libros de todos los géneros literarios, las conferencias, las demandas a través de los medios periodísticos, para que se dieran en primer lugar, la aplicación de los Derechos Humanos, el juicio a los militares y el encarcelamiento de los genocidios. Algo que todavía continúa, dejando precedentes a nivel mundial.

Theodor Adorno, en una de sus frases más inquietantes y que más ha sido citada durante la segunda mitad del siglo XX, hace alusión a la imposibilidad de escribir poesía después de Auschwitz. En un contexto de exilio —por alguna problemática como la del Proceso de Reorganización Nacional en Argentina, en un ambiente de guerra, de desaparecidos y otros crímenes de lesa humanidad—, es evidente, en poetas como tú, que se puede escribir poesía. Pero, ¿se trata de una poesía divergente que atiende a otros problemas de la poesía misma, pero que no son centrales, por así decirlo?

Sin duda que el poeta estará tocado por esa realidad. A veces es inevitable incluir hechos y situaciones que afectan a la propia vida y a la de tu gente, podemos decir que el poeta es un testigo de la historia; ahora, las formas de expresión son variadas, cada poeta sabrá de qué manera responder a ese tipo de experiencia. El reto siempre fue que no se convirtiera en un panfleto, porque para eso existen los panfletos. Que no sea una nota roja. Escribir poesía desde las entrañas, una poesía sumergida en lo más profundo de la sangre, que pueda decirse poesía. Y, en fin, el poeta en esas circunstancias escribe lo que puede y como puede. Y después de Auschwitz, más allá de la sentencia de Adorno, se siguió escribiendo una gran poesía contra el pretendido silencio, lo que quiere decir que la poesía no abandona al hombre, lo acompaña con esperanza, más allá de la desgracia y de los holocaustos, en los momentos de pasión y de rebeldía ante la injusticia.

¿Consideras que la estridencia de los conflictos sociales de gran envergadura, como la guerra, pone en duda el discurso poético, así como sus valores morales y sus formas?

Y sí. La guerra es destrucción y la poesía creación. De todos modos, es la historia de la humanidad. Y muchas veces el cronista de las guerras ha sido el poeta en los propios campos de batalla, ahí están todas las sagas nórdicas, sus hazañas. Sin olvidar a *La Ilíada*, por más que fuese escrita siglos después de la guerra de Troya. Desde el origen de los tiempos las guerras han sido cantadas y contadas. No significa que hoy no deba ser así. Creo que no se puede encasillar al poeta en un solo tema o tipo de escritura.

Por su parte, a Olga Montes de Oca, en una entrevista que te realizó en 1992, le dices que hay «como una especie de relación entre la destrucción y la poesía». Del mismo modo, el poeta Czesław Miłosz, en su ensayo titulado «Ruins and Poetry», trata de dar cuenta de las características de la poesía que surge en un contexto de guerra, catástrofe natural o terrorismo. ¿Cómo caracterizas tu poesía en el contexto del exilio? ¿La poesía surge como respuesta a una realidad destructiva?

Uno de los temas centrales de la poesía es la belleza, y ésta es efímera, la poesía intenta detener el tiempo, hacer que la belleza permanezca. Y la conmoción de los sentidos ante la destrucción de nuestro cuerpo, lo que se llama envejecimiento, ha sido uno de los temas universales, por eso decían los clásicos: «Muere joven y deja un cuerpo bello».

En cuanto a las circunstancias de guerra, catástrofe, terrorismo o de exilio, si como respuesta surge la poesía, te diría que sí. Sólo que tampoco se puede generalizar, cada poeta tendrá diversos motivos para responder a ciertas vivencias. En mi caso, el exilio me hizo confrontar con el propio lenguaje y de qué manera podía expresar lo que me estaba pasando; para describir mi propio estado y sufrimiento, escribía, pero jamás desde la autocompasión, sino desde la fuerza de voluntad y el carácter; de por sí no me gustan los poetas llorones y sentimentaloides. Creo que el poeta es un guerrero, no debe dudar ni mostrarse débil, porque los poderosos bailarían sobre sus huesitos. Se debe defender con el cuero lo que se dice con el pico, llueva o tuene, ya lo dijo Salvador Díaz Mirón: «el pájaro canta aunque la rama cruja».

En un poema de Xhevdet Bajraj, otro poeta exiliado en México, se lee: «Los que escriben la poesía más bella / Los que mejor la cantan / Son los que viven muriendo». ¿Qué relación crees que exista entre la barbarie y la calidad literaria del poeta?

El poeta Bajraj le da prioridad a la vida ante la destrucción y me parece acertado. Por otra parte, no es necesario padecer la barbarie para hacer poesía, que se piense que a mayor sufrimiento mejor poesía, no lo creo. Aunque siento que no hay refugio para el dolor. Pienso que el poeta donde sea que se encuentre quiere saberse más en relación con el mundo, comunicarse, un caso fue el del poeta judío Katzenelson, que escribió poemas en Auschwitz, los metió en botellas y los enterró, con la esperanza de que alguien los encontrara. Pero actualmente hay otros efectos de la barbarie, que tienen que ver con que las matanzas asumen la forma de genocidio pacífico: la muerte por hambre. Y también, hay otras cosas peores que la explotación y es que millones de personas ya no sirven ni siquiera para eso, para ser explotadas. Ante un mundo ciego, el poeta está muy limitado con sus palabras para lograr algo, sólo ser testigo; esto no impide que, como ciudadano, no tenga conciencia social y participe de la realidad con su poesía, enseñar a imaginar, a pensar de otra manera.

He observado que tu poesía tiene una gran carga metafórica; no obstante, tiene también un limitado uso de palabras adjetivales en comparación con la poesía de otros poetas mexicanos de tu generación. ¿Crees que este rasgo de tu poesía, este estilo a su vez, atienda a algo en específico, como a tu condición histórica de poeta exiliado; a algo, tal vez como una crisis de identidad, en la que caben otros elementos que también son frecuentes en tu poesía como la imagen del espejo, lo laberíntico, el uso de verbos de desarrollo o de construcción, verbos de pertenencia y de existencia, campos semánticos relacionados

*con lo suspendido (pájaros) o las navegaciones (el mar
abierto en la lejanía de los puertos), entre otros?*

Al principio, a mi llegada a México, viví un choque
cultural, no es lo mismo ser turista, que saber que
estás transterrado y sin ninguna certeza de regre-
so. La escritura entonces también sintió esa crisis
de identidad. Intuí que las palabras debían ser en
el más claro castellano; con todas mis limitaciones,
traté de obviar los regionalismos, tanto argentinos
como mexicanos, aunque por ahí se me escaparon
algunos; pensé que la mejor manera de hacerme en-
tender aquí o allá era escribir en el más claro espa-
ñol, el más entendible en América Latina. Eso por
una parte, y en cuanto a las pocas adjetivaciones,
fue más bien un proceso de oficio y de tallereo, de
insatisfacción con el lenguaje, lo que me llevó a no
utilizarlas tanto. A esta transformación o adecua-
ción hay que sumarle los libros de poetas mexicanos
que no conocía y que leí por primera vez, tanto a los
clásicos como a los contemporáneos, y que, en ese
momento, también contribuyeron a que yo buscara
mi propia expresión poética.

*Observo en tu poesía una preocupación por problemati-
zar la existencia del hombre. Esta problematización de
la existencia se encamina hacia la búsqueda del amor
y la ternura, a la reflexión sobre la valorización de la
naturaleza y las condiciones de vida del hombre. A pro-
pósito dices a Haladyna: «La poesía debe remitirnos a los
orígenes del hombre. Es la búsqueda del hombre por el
hombre». ¿Consideras que el poeta debe hallar respuesta*

en la mitología, donde justo se problematiza la existencia del hombre de manera estética y trascendental? Así mismo, ¿cuál es esa respuesta?, ¿debe estar encaminada hacia una suerte de renacimiento del individuo que muere, metafóricamente, para reencontrarse de nuevo con su origen esencial?

Siento que cada poeta tiene en sus orígenes la influencia de la cultura clásica grecolatina y prehispánica, por lo menos en las voces de nuestro continente; es indudable que se tiene que abrevar en los maestros de la forma y del rigor estético, un poeta como Virgilio hizo más de veinte versiones de *La Eneida*, el poeta latino Horacio escribió también las bases del arte poética, así como Aristóteles y otros, incluyendo al mismo Platón, que no era como dicen, que no quería a los poetas en su República, y que los había excluido; yo haría lo mismo, Platón se refería a los poetas oficiales, a los que querían acomodarse con el poder, y que para Platón en realidad, no eran poetas verdaderos.

Por otra parte, me preguntas, si la poesía debe estar encaminada a un renacimiento del individuo, digo que sí; creo que la poesía, al ser ella misma, restituye la dignidad de las personas. Creo que la mejor poesía, en cualquier época, es aquella que bucea en los misterios de nuestra condición de frágiles y maravillosas criaturas, es una manera de descubrirnos y de hacernos saber que la poesía es el lenguaje más elevado que ha conseguido el ser humano en cualquier idioma.

Si partimos de que la poesía es un discurso encaminado hacia una verdad (una verdad que en sí misma es un marcador de la existencia) del mundo y del hombre, ¿cuál es para ti esta verdad?

Creo que hay muchas verdades que terminan siendo una sola: la unidad de las cosas, los seres y los sucesos de este mundo, es decir, la vida en sus múltiples y asombrosas facetas, incluyendo los azares propios de la existencia. El poeta, si algo enseña, es que ni el mundo ni el universo ni las personas están fragmentados, que hay una unidad cósmica donde todos estamos involucrados, y de ahí la fraternidad, la solidaridad, la búsqueda de un paraíso perdido. Uno de los ejemplos de unidad cósmica lo encontramos en *Hojas de hierba*, de Walt Whitman, en el *Canto general*, de Neruda, o los *Cantares* de Ezra Pound, por mencionar sólo algunos, pero diría que la mayoría, consciente e inconscientemente, intentan mostrar que en el aparente caos y la separación hay una unidad secreta, donde el poeta utiliza las palabras como llaves para descifrar esos misterios.

En una entrevista con José Luis Cardona dices que «el poeta tiene que salvarse a sí mismo, escribe para salvarse». Por otro lado dices a Haladyna que tu afán poético responde a una necesidad de supervivencia psicológica, pues la poesía es para ti «un torrente que debía fluir en páginas para no enloquecer». ¿Podrías ampliar tus respuestas y decir en qué consiste la salvación del poeta?; es decir, ¿de qué se salva? ¿A qué te refieres con «necesidad de supervivencia psicológica»?

Sí, en ese tiempo para mí la poesía era una tabla de salvación, hoy vivimos una relación más compartida, diría más madura, pero sí, ella me salvó de muchas cosas y me hizo conocer algunos abismos, y en otras ocasiones me hizo ver su belleza misma escrita por otros hermanos, de frente, casi hasta la ceguera. Lo que sí es que nunca pude ponerle un freno a ese hábito femenino de ser posesiva, demandante y controladora. Tal vez en el fondo no quiero. Aunque siga siendo una amante perversa que tiene el control, que conoce mis puntos más débiles y que no me quiere perder, necesita de un espejo, a quien hablarle, con quien decirse, con quien confesarse a solas, pero tiene las cartas en la mano, es la única que sabe que me da la plenitud, un goce y un martirio, que no puedo descifrar, por eso escribo.

En cuanto a la escritura como una supervivencia psicológica, creo que es inevitable para cualquier poeta, cada poema es como una carta al Director del Manicomio, como las que escribió Antonin Artaud, nada más que aquí el que dirige el hospital es el sistema y se ha encargado de convertir la vida en una cárcel.

La poesía, como testimonio estético, ¿qué importancia tiene dentro de la poesía la historia personal de un hombre? ¿Crees que su impacto tenga mayores alcances que rebasen lo personal? En la historia latinoamericana, por ejemplo, ¿tu poesía, junto con la de otros poetas del exilio, formará parte de un documento que deje constancia de los acontecimientos sociales más impactantes del siglo XX?

Hay que aclarar que para un poeta el testimonio estético es la razón de su necesidad expresiva, y de una u otra manera responde a su historia personal, a sus obsesiones y pasiones, a sus luchas interiores, a su visión del mundo. Ahora, en este sentido, el poeta no sabe cuál será el destino de su poesía en el devenir, porque no escribe para la posteridad, sino para el presente inmediato. Sería como aspirar a volverse un referente imprescindible después de muerto, al poeta de carne y hueso no le sirve de mucho, ya no está aquí. Y, por lo general, nuestras sociedades no tienen memoria poética.

¿Has escrito o has pensado en escribir algún texto autobiográfico donde cuentes todo aquello de tu vida que no has dicho en la poesía?

La verdad que sí. Motivado por amigos hice varios intentos con una novela fallida. Así que no me queda más que abordar el género autobiográfico, después de las conversaciones contigo. Es una tarea que me debo imponer, por lo menos comenzar con unos pequeños apuntes sobre anécdotas y situaciones que tienen que ver con la poesía y la vida.

Volviendo al tema de la poesía, los años 80 en México son importantes en materia de publicación de poesía, y fue un periodo en el que publicaste con frecuencia. ¿A qué crees que se deba esta proliferación de poesía en el país durante esa década?

Quizá México aún conservaba cierta «inocencia luminosa», propia de los poetas y de la poesía, todavía no entraban plenamente las bases neoliberales, los tratados económicos, la voracidad de la patria financiera que comenzó a privatizar todo lo posible, como si hubiese sido la gran panacea, entre ellas, la cultura. Hoy en día nos damos cuenta del callejón sin salida en el que se encuentra el país, no sólo desde el punto de vista económico, sino el estancamiento educativo y cultural. Ha crecido la deshumanización y se ha perdido el espíritu solidario. En los 80 todavía había suplementos culturales y se hacía crítica y muchas veces se daban batallas literarias; hoy, además de que los pocos foros son mediocres y superficiales, salvo excepciones, están en las páginas de las redes sociales, y allí se da una apatía crítica. Es muy raro leer crítica realmente seria, se ha intelectualizado demasiado, y se eleva a gente que no tiene valor, pareciera que está prohibido criticar y, claro, es parte de los dictámenes del sistema, para el que no existe autocrítica; todo lo que hacen los políticos, según los medios electrónicos, está bien, es lo que paga y lo que vende. Vivimos la decadencia de la crítica, por eso ahora cualquiera sale a decir que es artista.

¿La facilidad para publicar y tu legitimación como poeta por medio de premios literarios y otros mecanismos influyeron para que hayas permanecido en México? ¿Crees que esta misma legitimación la hubieras logrado en Argentina de manera apremiante?

Mi permanencia en México no sólo se debió a los libros ni a los premios, sino también a la parte afectiva y amorosa, comenzando por mis hijos, que nacieron aquí, de la misma manera los amigos y las relaciones cotidianas, y de una u otra manera el compromiso que uno va adquiriendo con las actividades culturales y educativas. México te absorbe y te involucra en muchas cosas, es imposible aburrirse, porque siempre hay cosas qué hacer y mejorar.

En cuanto a que si en Argentina hubiese logrado lo mismo, no sé, lo que sí es que yo nunca perdí el vínculo con mi país de origen, allá difundían mis premios o entrevistas, cada libro mío que salía aquí, era conocido por mis amigos de allá y cuando había oportunidad iba a presentarlos. Era otra manera de estar presente; aunque no fuese un poeta famoso, era leído clandestinamente. En Argentina obtuve también algunos reconocimientos de instituciones culturales, a mi recorrido poético. Pienso que el poeta debe dedicarse a vivir y escribir, las relaciones públicas son para otras gentes. Me cuesta mucho ir a los encuentros de poetas o salir a ofrecer mi poesía a las editoriales. Publico cuando quiero con libertad, sin necesidad de colgarme de editoriales que se dicen prestigiosas y que sólo tienen una marca, que no garantiza, como lo vemos, la calidad de los libros de poesía. Gente que escuche o lea libros de poesía hay en cualquier lugar, no es necesario vivir en París o en Londres para que lo lean a uno, la verdadera poesía reluce en cualquier barrio del mundo.

¿Cómo se percibe Pedro Salvador Ale ante los ojos del mexicano y frente a la cultura mexicana?

Es bastante paranoico imaginar cómo me ve el mexicano. Pienso que me ven como un poeta argentino, más allá de mi historia personal y de mi relación con la cultura mexicana, de la que me honra ser parte, para el mexicano no dejo de ser argentino; lo paradójico o gracioso es que en Argentina me dicen «el mexicano». Lo bueno, es que tengo las dos nacionalidades, pero pareciera que uno está en una frontera donde ya no es de ninguna parte, sino de la vida misma.

En cuanto a la cultura mexicana, desde que llegué a este país me dediqué a estudiar su historia y su cultura, primero, como una manera de conocer el lugar donde vivía; en segundo lugar, como una formación humanista. Mi decisión primera, hace cuarenta años y que aún sostengo, ha sido: lo que no pude hacer en mi país lo voy a hacer acá: escribir, dar clases y editar.

Involucrarme con la educación, con los artículos sobre cultura, hacer poesía, dar talleres, editar libros y revistas. Por eso fundé la editorial Norte/Sur y la revista con su mismo nombre.

Además de haber escrito más de 30 libros educativos, desde kínder hasta prepa donde se enseñan los valores a través de la literatura. Ahí está todo publicado: el testimonio de mi compromiso con la cultura y la educación en México.

¿Pedro Salvador Ale es un poeta mexicano?

Me siento un poeta latinoamericano. En unos diccionarios mexicanos donde estoy incluido se dice que soy un poeta que realizó su obra en este país y que, por lo tanto, la obra le pertenece a México. Desde la perspectiva de la literatura, el hecho que me consideren un poeta mexicano, me honra enormemente.

¿Qué significa tener la nacionalidad mexicana?

Es importante desde el punto de vista legal. Un documento oficial. Claro que el sentido cultural y de vivencia en México trasciende cualquier tipo de papel. El poeta en su obra no tiene fronteras ni nacionalidades, más allá de cualquier regionalismo, su propuesta no tiene banderas.

¿Es tu poesía un medio para asimilar la cultura mexicana o es más bien un vehículo con otros objetivos personales?

Sería muy ambicioso el asimilar la cultura mexicana, su cultura es tan vasta y profunda que se necesitarían muchas vidas para poder apenas atisbar algunos de sus grandes misterios. Y los objetivos personales están relacionados a la cultura mexicana, porque vivo acá, y me muevo en este entorno.

Pienso ahora en tus labores como editor, periodista y educador. ¿Has sentido una reciprocidad entre lo que dejas a la cultura mexicana y lo que ella te deja o piensas que hay algún tipo de deuda en alguna de las dos partes?

Llega un momento, en que ya no piensas ni sientes ni te planteas de ninguna manera ese tipo de preguntas; las actividades que uno realiza, con menor o mayor fortuna, las haría en cualquier parte del mundo, lo que quiero decir es: lo que uno eligió ser y hacer siendo para ser, es en cualquier parte, es más bien en la vida, ya no importan las fronteras ni las banderas ni los países, así uno esté en la isla de Tonga, seguirá siendo lo que es y haciendo lo que uno sabe hacer. Y creo que, aunque nos duela, la vida no se maneja con triunfos y deudas, sino con lo que uno es como persona, eso es lo único que cuenta, lo que uno asumió como destino y la entrega para encontrar esa plenitud encausada, que es la alegría de ser uno mismo.

Ya que hablamos de México, tu hogar durante cuarenta años, el tema de la casa en tu poesía parece ser constante, incluso cuando se habla del mendigo o del vagabundo cuya etimología tiene que ver también con la casa (del ruso cazac: *vagabundo, el que no tiene casa). ¿Cuál es esa casa que buscas desde la enunciación de las voces poéticas que utilizas?*

Esa casa es un lugar en el mundo. Lleva tiempo saber que esa metáfora tiene que ver con la propia identidad, con asumir la propia vida, el saberte solo en la realidad, más allá de las amistades y de las gentes que uno conoce, está la certeza de que uno debe buscar su lugar en el mundo. Ese conflicto, tenía que ver también con la idea de si regresaba a la Argentina, o quedarme en México o vivir en otro país; la verdad que fue una confrontación con la propia existencia,

con los íntimos propósitos, el saber cómo vas a continuar con tu vida y de qué manera; incluso no pocas
veces me cruzó la idea del suicidio; entonces sí se
plantea la pregunta, encontrar un lugar en el mundo
¿cuál es?, ¿cuál será? Con el tiempo te das cuenta de
que es la vida misma en todas partes, no es otra cosa
que tu propia identidad como persona, el conocerte
más a ti mismo, el saberte más: en síntesis, la escritura poética es tu casa.

¿El poema es una especie de casa?

Para un poeta entregado a la escritura, es el lugar
espiritual donde habita, las palabras son sus paredes,
su mesa, su cama, su cocina, su pan y su vino, su
hogar, allí recibe las visitas inesperadas de la amada,
su musa de carne y hueso que provoca la indecible
pasión de la poesía.

*¿Qué significa para ti el regreso a casa? ¿Cómo ha sido
ese retorno?*

Volví muchas veces en estas cuatro décadas. El primer regreso, después de ocho años de exilio, me
marcó de manera especial. Había gente que no me
reconocía o no me quería reconocer. En 1984, todavía se encontraba una estructura militar represora
intacta, más allá de que Alfonsín había llegado a
la presidencia, no había seguridad para nadie. Me
acompañaban mi mujer y mi hijo pequeño, los estaba arriesgando, así que sólo aguanté ocho meses
y me regresé a México. Después pasaron otros diez

años para reconciliarme de nuevo con el país. Fue tanta la integración que sentí, que no me quería regresar a México, estaba abrazado a un limonero en el patio de la casa de mi madre, llorando de manera incontenible, nadie me podía consolar, fue un ataque de llanto. Creo que tantas lágrimas contenidas por años, allí quedaron, fue como un exorcismo, una liberación. Unos días antes en ese mismo patio había quemado cuadernos con todos mis primeros escritos, desde los diez años hasta los 18, no sé si eso también influyó, lo cierto es que eso pasó. Lo cuento no como una anécdota sentimentaloide, sino de cómo viví el dolor del desarraigo donde la distancia y el sentimiento de ausencia estaban presentes.

Lo que me quedó claro era que debía viajar las veces que más pudiera para aplacar un poco la nostalgia de ciertas cosas. Así fue que dejé abiertos lo viajes, ya no había trabas, sólo la disposición, y si tenía recursos lo hacía. Hasta que llegué al punto actual donde voy más seguido, se han acortado los regresos, primero fueron cada diez años, luego cada cuatro, cada tres, cada dos...

¿Qué lugares, en la actualidad, consideras como tu casa? ¿Qué es para ti una casa?

Si te refieres a que si considero a México mi casa, creo que sí, pero las casas no son nada más para quedarse en ellas, son también para esperarte, funcionan como refugios y, ¿por qué no?, hasta como hoteles de paso. Lo cierto es que aunque me siento con más libertad que nunca en esta casa mágica que es México, estoy abierto a los viajes y a no clausurar ninguna posibilidad existencial de vivir un tiempo en otro país. Claro que a México, lo extraño antes de partir. ¿Qué será para mí «casa»? Ojalá fuera el mundo. Llegué a la concepción plena de ello a través de mi forma de vida y de mi escritura.

Si tu poesía fuera una especie de diario de una peregrinación, siguiendo a Octavio Paz, ¿qué sería, además de poesía?, ¿qué buscarías con ella o a quién?

El mismo Octavio Paz, dijo que el tema o «viaje» de la poesía es la poesía misma. Si la poesía busca a alguien, es al *otro* que somos, es un viaje a sí mismo que son los otros, que soy yo, que somos todos.

Otra vez, siguiendo a Paz, si tu poesía fuera una manera de estar en tu patria tierra, ¿qué busca el peregrino al recorrer su patria? ¿El lugar de su nacimiento o el de su fin?

Tendría que experimentarlo, pero creo que no buscaría nada. En muchas cosas yo ya no busco. No lo digo con arrogancia, sino con un convencimiento pleno: las búsquedas tienen que ver con metas o con sueños pendientes y la verdad es que ya no espero ni busco nada. Estoy haciendo lo que me gusta con mucha plenitud, viviendo el presente, sin plantearme demasiadas cosas sobre el mañana, estoy viviendo cada día con fruición, sin dramas ni expectativas.

¿La poesía, en tu contexto personal, crees que atienda a una necesidad de retorno al pasado del que el individuo es también un extranjero?

Ahora no, quizá en los primeros años de exilio sentía cierta nostalgia y melancolía y me ponía a recordar continuamente el pasado, hasta llevarlo a la escritura. Ahora no escribo pensando en el ayer, aunque aparezca de vez en cuando, tiene otras connotaciones, no la del pasado como tristeza o con cierta extranjería, sino quizá, de lo que me gustaría que sucediera.

¿Podrías darme tu definición personal de «extranjero»?

Es un sapo de otro pozo. Me da la idea de alguien que está solamente de paso, que tiene otra identidad, otra lengua, otra cultura que lleva en su memoria. Y una nostalgia del universo. También de alguien que está hecho de aventuras, que no le tuvo miedo a desprenderse de lo conocido, que quiso explorar y explorarse a sí mismo, asombrándose de nuevos paisajes y de nuevas voces, de sus descubrimientos de cosas que ignoraba.

Cuando escribes, ¿en qué público piensas? Me parece que el escritor exiliado se pregunta esto en el momento justo de la creación literaria. Mencionaste que has llegado a sentir cierta «insatisfacción con el lenguaje» y quizá tenga que ver con esta preocupación de llegar a cierto público; por un lado, al mexicano y, por el otro, al argentino, o

*simplemente a cualquier otro público de América Latina.
¿Cuál es tu pensar?*

En realidad, cuando escribo no pienso en un público o en un lector determinado. Más bien en lo que mi *ser* está sintiendo y viviendo, siempre fue así, con o sin exilio. La lucha con el lenguaje, la «insatisfacción» no tiene que ver con el fortuito lector, sino con mis propias obsesiones expresivas, creo que a través de la experimentación con el lenguaje, se da un conocimiento del «sí mismo», yo concibo a la escritura como una manera de encontrar revelaciones sobre nuestra condición humana, ver la realidad de otra manera, como es, no como la hemos aprendido. Y en cuanto a los lectores de poesía en América Latina, creo que esa comunidad invisible, quiere o busca justamente revelaciones sobre lo que somos, desde la misma rebeldía del lenguaje poético, que ningún sistema ha podido controlar, en cualquier época.

Tu condición de poeta exiliado, más allá de tu naturalización mexicana actual, ¿qué tanto te aleja o te acerca a los poetas mexicanos de tu tiempo; a su vez, qué tanto te aleja o te acerca de los poetas argentinos de tu tiempo?

¿Qué tanto estoy cerca o lejos de los poetas contemporáneos mexicanos o argentinos? Más allá de los estilos y de las nacionalidades, creo que desde cualquier trinchera nos une la preocupación por el destino del hombre y del planeta. Un tema que no estaba en la poesía de otras épocas de manera tan recurrente. Además, la poesía se enfrenta a la mala prensa de las redes sociales, lo cual también nos une, para bien lo digo, porque la poesía verdadera siempre se impone, más allá de los avances de la tecnología.

¿Cómo consideras que es recibida tu poesía en tu país de origen?

Con mucha identificación. Algo que en presentaciones de libros o recitales se hace muy evidente, es que ellos no ven la diferencia de mi poesía con respecto a otros poetas argentinos, lo digo en el sentido del lenguaje, en el estilo sí, pero los temas tratados, aunque son universales, llevan algo que para ellos no hay duda que el autor es argentino. He tenido muchas experiencias al respecto. Es como si una gran parte de los libros los hubiese escrito allá.

¿Qué es ese «algo» que tienen los temas y que hacen que los argentinos te sientan cerca de ellos?

Me imagino que ese «algo» es una suerte de irradiación o nostalgia del propio país, lo que pudo haber sido y no fue, lo que puede ser. Lo relaciono más a una identificación con la tierra, una manera metafísica de ver el mundo, una ausencia presente de lo amado. Y si a esto le sumamos cierta conciencia social y la manera pasional de ver la vida: el honrar la amistad, el futbol y la política, incluido un fondo de tango, creo que todo está dicho.

Ángel Rama, en su ensayo titulado "La riesgosa navegación del escritor exiliado" publicado en 1978, escribió que la literatura del exilio traduce las causas de las grandes agitaciones vividas por una comunidad, a manera de intento reflexivo de la realidad inmediata. Así mismo, ha dicho que esta irrupción no responde, caprichosa y oportunistamente, a un proyecto del escritor, sino a un reclamo por parte del público, especialmente por el «pueblo de la diáspora», es decir, otros exiliados. ¿Existe algún tipo de exigencia por parte de alguno de tus públicos principales, el mexicano y el argentino, o de algún otro individuo involucrado más directamente con la experiencia del exilio?

Sí, hubo exigencias y algunos reclamos, también aceptación, desde luego, sobre la manera en que en mis poemas tocaban esos temas del exilio o de los desaparecidos. Esto me sucedía en mis lecturas en Argentina. Algunos a favor y otros en contra, por suerte la poesía se impuso, más allá de los reclamos ideológicos. Uno no puede darle gusto a las personas que lo leen o lo escuchan. Por eso te decía, que yo no pienso en nadie al escribir, sólo me interesa la manera en que me estoy expresando y la coherencia estética que debe llevar un poema.

Y en México, en mis lecturas, era muy frecuente que me dijeran de la melancolía que trasmitían mis poemas. Como una nostalgia existencial, más allá de un país, del ser humano mismo.

¿Cuáles consideras que son las preocupaciones expresivas de un poeta exiliado, desde tu experiencia propia?

Lo he dicho: el lenguaje, la tradición literaria y el ser humano. Con todas las vertientes que se desprendan de ello.

«Traigo otra cultura que he asimilado a la mexicana. Ya no puedo reconocer en dónde está la frontera», dice Sandro Cohen, poeta norteamericano naturalizado mexicano. ¿Tú puedes reconocer esa frontera entre tu cultura originaria y la mexicana? ¿En qué consiste esa frontera?

Coincido con el poeta Cohen. Desde hace muchos años para mí no hay fronteras ni «muros» entre la cultura mexicana, la Argentina y la latinoamericana, la mezcla de todas ellas me dan una identidad, me llenan de orgullo y de entusiasmo, soy un enamorado de nuestro continente, me considero un poeta latinoamericano.

A pesar de las marcas semánticas de tu obra que hacen alusión al exilio (manifestadas en los títulos de tus libros Retorno a la ternura, Reclamo de vuelo, Autobiografía del náufrago, De biografías, monstruos y pájaros migratorios, El alucinante viaje del afilador de cuchillos, Navegaciones, Puentes, Volar de ver volar*) y considerando las transformaciones del autor reflejadas en la poesía, ¿en qué aspectos literarios crees que se encuentre la transformación de tu obra?*

Es difícil tener la certeza en lo que se transformará la obra de uno. Lo que sí puedo decir es la manera en la que aspiro a realizar mi poesía. Quisiera escribir un libro donde los poemas no tengan más de catorce versos, que sean poemas claros, despojados de todo adorno, sin que sean coloquiales, que la irradiación de la vivencia que provocó el texto lo envuelva de una manera profundamente poética y reflexiva, tanto que conmueva y asombre al que lo lea o lo escuche.

Se lee en uno de tus poemas: «Tengo los cuatro caminos en la línea de mi frente». ¿Podríamos interpretar esa voz lírica como la de alguien que está dispuesto a partir a cualquiera de los cuatro puntos cardinales? ¿El poeta extranjero se siente propenso a partir en cualquier momento hacia cualquier dirección?

Siento que el poeta viaja todo el tiempo de muchas maneras. Y sí, su destino es asombrarse todo el tiempo de los seres y las cosas que habitan este mundo, y la imaginación es su gran nave, más allá que lo pueda hacer transitando otros territorios, conociendo otros mundos, incluyendo sus viajes interiores.

En tu poema «Paz» se lee: «Su alegría es del color de los geranios, a veces del color / del trigo y otras del color de los sueños, hermosa como / una manzana en tiempo de sed o ese poema que jamás podemos escribir». ¿Por qué es hermoso ese poema que jamás se puede escribir, que en este caso interpreto como el silencio? Tiene el poeta derecho a guardar silencio. Sin embargo, Kierkegaard dijo que «el más seguro de los mutismos no es callarse, sino hablar». ¿Qué hay en ese mutismo?

El poema está hecho de silencios, que son las sombras de las palabras. El poeta como hombre debe también «decir», que no es lo mismo que hablar. Porque se puede hablar y no decir nada, es lo que abunda en nuestro tiempo.

En el verso: «ese poema que no podemos escribir», me refiero a lo inatrapable del poema perfecto, el de la obsesión de lograr trasmitir un mensaje único, que nadie alcanzó, el de la conmoción de todos los sentidos, el de provocar una suerte de poder «iniciático» que transforme en un solo golpe de palabras la conciencia del que lo lea o lo escuche, que alcance el nivel de la iluminación y de la locura, que no pueda ver jamás la realidad de la misma manera.

A propósito del silencio, Ángel Rama, en su ensayo mencionado con anterioridad, utilizó el concepto de «exilio interno» para referirse a los que no salieron del país durante la dictadura y pagaron el precio de permanecer callados, de no opinar libremente, ya sea política o artísticamente. En tu caso, parece que no había otra opción, más que la salida para preservar la vida. Sin embargo, ¿cuál es tu opinión al respecto?

Con respecto a los que se quedaron, muchos de ellos ignoraban lo que en realidad estaba sucediendo. Por otra parte, una dictadura que controlaba todos los medios de comunicación, que no dejaba que la gente se reuniera, mantenía a un país adormilado, cosificado, gris, la misma correspondencia con el exterior era muy escasa. Fueron años muy difíciles para los que nos fuimos y también para los que se quedaron.

Sólo una élite argentina era la que disfrutaba de la dictadura. La crisis económica y la presión política desde el exterior, así como la loable e indeclinable labor de las Madres de Plaza de Mayo, fueron minando a la Junta Militar, que para permanecer un tiempo más recurrió al patrioterismo con la Guerra de Malvinas, pero les salió el tiro por la culata. Ése fue el fin de la dictadura.

¿Tiene la poesía la facultad de reincorporar al individuo a la historia? Es decir, ¿puede la poesía recuperar el papel existencial del ser humano?

Sí, claro, es lo natural: la historia y la aventura humana continúan, por lo tanto, los testimonios de la palabra escrita por el poeta acompañarán esa aventura. No podemos fragmentar el ahora, como separado de la historia antigua de la humanidad, todo está sucediendo, si se pensara que la historia ya no nos pertenece, no leeríamos a los clásicos ni a los antiguos, más allá de los poetas que respondieron a su época, siguen vigentes por la aspiración de la humanidad a la belleza, al arte y a la armonía.

¿Consideras que la poesía del exilio tiene alguna particularidad, cierta premisa estética que apunta hacia esta experiencia que vivió quien la escribe? Si es así, ¿cómo consideras que debe ser la valorización de esta poesía?

Como poesía misma, más allá de las circunstancias que la motivaron. Simplemente en un texto hay que saber si hay o no poesía, eso es todo, más allá de los acontecimientos históricos. A lo largo de la historia se han escrito poemas de amor que tuvieron un impacto social y poemas de rebeldía social que terminaron siendo apreciados como poemas de amor. Quevedo, Lope de Vega, Neruda, Miguel Hernández, Alberti, Lorca, para citar algunos, y de México, Pellicer, Efraín Huerta, el mismo Octavio Paz. Te diría que en la poesía mundial hay referentes al respecto. Con esto quiero decir que la poesía está más allá de los temas universales y de las circunstancias que la provocan, ya lo decía en un verso César Vallejo, «quiero escribir pero me sale espuma». Lo trascendente es si un poema te toca las fibras o no, si te hace erizar la piel, si te lleva al éxtasis y pegas un grito diciendo ¡qué hijo de puta! ¡Cómo pudo decir esta maravilla! La poesía te tiene que hacer alucinar, conmover y reflexionar, no desde la filosofía ni desde la ciencia, sino desde ese deslumbramiento misterioso e inexplicable que produce la poesía.

¿Es correcto el concepto de «poeta exiliado»? ¿Te parece acertado o te suena más a una etiqueta que puede llegar a incomodar?

Creo que cualquier adjetivación sobre un poeta es siempre dudosa y puede sonar a sentencia. Y sí, la etiqueta puede y debe incomodar al poeta. Es como si nos extendiéramos a otras artes y los calificáramos a todos como exiliados: actores, pintores, músicos. Dándoles cierta distinción, cuando al exilio van todo tipo de oficios y profesiones: médicos, sociólogos, psicólogos, campesinos, obreros, maestros, etc. Lo que tú quieras.

De ser posible, ¿de qué otra manera nombrarías a los poetas exiliados?

Me gustó la palabra «transterrado» que la utilizaron para los españoles que llegaron a México por la Guerra Civil. Me da la idea de raíces invisibles buscando una tierra para poder arraigarse, es decir materializarse, que por lo general se logra con los hijos nacidos en el país que te recibe.

Percibo en tu poesía dos momentos importantes. El primero de ellos está compuesto por la poesía que escribiste durante tus primeros años de exilio en México. Se refleja en esta etapa una discursividad que no abandona ciertos marcadores que se relacionan directa o indirectamente con la temática del exilio y los efectos de éste en las voces líricas que utilizas. Después viene otro momento en el que este tema frecuente da un giro, una suerte de cambio de perspectiva que aterriza en el tema del erotismo a partir de Navegaciones *(1991) y, de manera más notoria, en* La danza del guerrero *(1996). ¿Es el erotismo, en tu poesía, una fuente de liberación y un motivo para una nueva manifestación de lenguaje poético? ¿Puedes decirme si observas este cambio de paradigma en tu poesía, a partir del cual el erotismo es una manera de experimentar la libertad y una nueva concepción del mundo?*

Creo que está bastante claro ese puente, el cruzar de la poesía que produjo el exilio, a la de la experiencia erótica. Tiene que ver con el cambio de perspectiva respecto a la Argentina y a mi permanencia en

México, esas decisiones de vida. Y sí, el erotismo es otra idea respecto a la presencia de la muerte, la libertad erótica como tema en la poesía quizá se da porque entré a una conciencia distinta respecto a la muerte. A lo mejor *La danza del guerrero*, es el primer libro «mexicano» que escribí.

¿Qué significa el erotismo dentro de tu obra?

Con mayor o menor profundidad creo que toda obra poética es erótica, es un canto vital, también de desesperación por no extinguirse, por prolongarse más allá de la escritura, por hacer parir la luz de la poesía en otra persona, el que te lee o escucha. El significado del erotismo es el de trasmitir vida, el de compartir una visión del mundo que nos eriza la piel y trastoca nuestros sentidos hacia la aventura, mediante el cuerpo de uno, el aliento de las palabras y los labios de otra persona: un triángulo perfecto, que no deja de ser un sueño, pero que vale la pena, como ya se ha dicho.

Si te pidiera definir tu poesía, ¿cómo lo harías?

Como unas navegaciones existenciales.

Por último, en esas navegaciones de tu poesía, ¿hacia dónde apunta tu brújula?

Hacia la búsqueda de un paraíso perdido, que en el fondo es encontrar al ser humano verdadero.

Saúl Ibargoyen:
soy y no soy

Saúl, ¿podrías hablarme acerca de tu salida de Uruguay en 1976? ¿Cuáles fueron las causas que te llevaron al exilio? ¿Cómo fue ese proceso, hasta tu llegada a México?

Llegué a México como asilado político en 1976, un 25 de junio. Uruguay estaba bajo una dictadura neofascista, luego del golpe de Estado del 27 de junio de 1973; un golpe cívico-militar, pues lo dio el Presidente en acuerdo con el ejército y la policía. Había una represión muy fuerte contra las fuerzas de izquierda, democráticas y progresistas, en especial hacia el Partido Comunista (PCU) y la central única de trabajadores, de base obrera (CNT). También contra el movimiento estudiantil, la cultura y toda expresión antidictatorial. El país fue el que tuvo más presos políticos con relación a la población cuando las dictaduras en el Cono Sur de los 70 y 80, instigadas por Estados Unidos y resumidas en el Plan Cóndor. Yo era militante del PCU en la clandestinidad. Formaba parte del aparato de protección de dos o tres dirigentes, o sea, proporcionarles seguridad en casas o departamentos difíciles de detectar, alimentación, higiene, etcétera, y si recibíamos información, trasmitirla por vías ya definidas por la secretaría de organización.

Así estuvimos casi tres años, hasta que un pariente político de mi segunda esposa, que trabajaba en la policía, me delató. Estuve detenido poco más de dos meses, junto con otros tres compañeros, incluidos en un mismo expediente. La policía nos había arrestado y querían saber del aparato armado del PCU. Desistieron de esa búsqueda, tal vez porque los cuatro éramos figuras públicas en la cultura: un escritor, un músico y dos teatristas. El trato que nos dieron era el habitual: plantones de muchas horas, interrogatorios «apremiantes», presión psicológica, golpes, etcétera Por alguna razón no fuimos maltratados como cientos de detenidos, pero esa experiencia deja una marca imborrable. Nos soltaron y, por indicación del Partido, nos metimos en la embajada mexicana, única que recibía solicitudes de asilo. Nos alojamos en la residencia del embajador, una extraordinaria persona en todo sentido; éramos más de 40, y allí estuvimos tres meses, pues el gobierno decía que éramos delincuentes y no asilados políticos. Finalmente, luego de trámites engorrosos, el 24 de junio de 1976 nos subimos a un avión de Panamerican y arribamos a la Ciudad de México, previa escala en Buenos Aires y Panamá y cambio de nave en Guatemala. Eso lo he narrado en alguno de mis libros.

¿Cómo fue tu llegada a México? ¿Por qué decidiste que fuera México el país donde ibas a vivir el exilio?

Yo no decidí venir a México. Como diría mi amigo José Saramago, fueron las circunstancias. En realidad, por órdenes del Partido, yo debía salir del país un tiempo, pues la represión estaba terrible. Hice contactos para ir a Venezuela, amigos que trabajaban allá en el ámbito editorial, pero me pescaron antes.

¿Experimentaste algún tipo de rechazo en alguna esfera de la cultura mexicana?

Al principio, tuvimos muy buena acogida en ese ámbito, como reflejo de la política hospitalaria de México en esos días, pero también por solidaridad de no pocos artistas e intelectuales. Después, al menos en lo personal, al ingresar al campo de la cultura y el periodismo, hubo discrepancias de tipo ideológico, en especial con el grupo de la revista *Vuelta*, pues yo empecé a trabajar en *Plural* de la segunda época, con Jaime Labastida de director. Era, sin duda, un eco de la lucha ideológica que en esos tiempos se volvió muy enconada, sobre todo con relación a la Revolución cubana y las dictaduras en América Latina. Fueron varios años intensos, aunque pude editar algunos libros y adaptarme mejor a un ámbito cultural muy asediado y en parte dependiente de las posturas de los gobiernos.

El poeta Pedro Salvador Ale, en una entrevista que le hice recientemente, dijo que «el que sale exiliado ya no puede regresar más, aunque vuelva a su tierra». Por tu parte, en una charla previa que tuvimos, me dijiste que «el que se exilió una vez se exilió para siempre».

¿Podrías ahondar más en estas sentencias que en su fondo enuncian la misma conjetura?

En verdad, Pedro Ale tiene razón, aunque cada exiliado lleva su exilio como puede. Decía alguien que nadie logra desterrarte porque «el hombre es tierra que anda». Sucede que los cambios que se dan con los años y según la historia de cada uno en medio de una Historia con mayúscula, van atados a los que ocurren en el país que te recibe, mientras que el imaginario que se trae del país natal sigue operando y cambia también. Por eso vamos de la lírica a la épica, del erotismo al misticismo... Pero siempre habrá núcleos que no cambian, y esos núcleos ocultos en la memoria son los que ayudan a sostener una identidad y a construir otra. ¿Mexicano? ¿Uruguayo? No, latinoamericanocaribeño.

¿Podrías darme algunos ejemplos de esos núcleos que no cambian?

Son núcleos que se generan, desde la niñez, en las entretelas profundas de la personalidad. Un temor, una sombra de origen desconocido, una necesidad de no estar solo, etc. Para eso está el psicoanálisis...

¿La experiencia del exilio ha sido sustancial dentro tu obra creativa? Se sabe que en tu narrativa hay una serie de alusiones autobiográficas en las que sale a flote el tema del destierro. Sin embargo, dentro de la composición de tu poesía, ¿de qué manera se deja ver esta experiencia que ha sido relevante para tu vida?

El exilio, desde hace ya 41 años, es sustancia permanente en mi trabajo literario. Lo autobiográfico es inevitable, tanto en la narrativa como en la escritura versal. Se trata de representar a una persona en calidad de personaje. Por eso me pregunto desde dónde escribimos. Dice Saramago: «Estoy donde hago el verso...».

De nueva cuenta, viene a mi mente lo que comentamos en una charla previa a esta entrevista. Recuerdo que hablaste de «el lugar desde donde se escribe». ¿Cuál es ese lugar, en tu caso?

Tiene que ver con las voces que el poeta (creativo) traslada. El asunto es utilizar, de modo consciente o no, la voz que corresponda a un estado de ánimo determinado que una emoción o una idea o una imagen o los restos de un sueño o un golpe inesperado de la memoria provocan. Los sitios están en uno mismo, entretejidos con el «afuera».

He observado que en la obra de otros poetas exiliados existe un cambio significativo en su discurso poético. Después de varios años de exilio, su poesía muestra un cambio de plataforma retórica; es decir, de manera más precisa, que de un discurso elegiaco donde es frecuente la lamentación por el destierro y el anhelo de la patria, pasan a un discurso opuesto, pues su poesía comienza a desarrollar un tono celebratorio y de carácter erótico, una retórica muy próxima a la epigramática ¿Consideras que es el caso de tu poesía? ¿En qué momento, después del exilio, notaste este cambio?

Pienso que las líneas esenciales de esa "retórica" ya estaban dadas antes del exilio. Los asuntos fundamentales que resultan el cimiento de una determinada concepción del mundo (realidad) y del lugar subjetivo en él. Es decir, una especie de sistema ideológico. Al ingresar a la categoría de exiliado, se desarrollan esas líneas de modo más libre, cambiamos de súper ego, aunque haya aspectos en nuestras sociedades que se parezcan (el poder, la familia, la política, etc.), dado que son sociedades capitalistas (México y Uruguay) aunque muy diferentes en otros aspectos que no es necesario mencionar. Agrego: la presión social es menor, ya no importa «el qué dirán». Además, las nuevas adquisiciones culturales y la propia vida cotidiana ayudan en este proceso. Claro, que yo sólo hablo por mí.

Este salto de plataformas retóricas es evidente en tu poesía. En realidad, tu obra está impregnada de muchos cortes y tonos. Llama mi atención, particularmente, que te inclines por la búsqueda del humor, en el caso de tus libros de corte epigramático; un humor que se mezcla con el erotismo y el discurso de la denostación, propio de este género antiguo.

En cada poeta, y tal vez en cada persona, anidan varias voces que derivan de la propia experiencia de vida. Cada voz tiene su tono, en el que se expresan estados de ánimo, etcétera.

Hay en tu obra otros cortes emparentados con la brevedad. Me refiero, particularmente, a la estructura del

proverbio que es evidente en Cantos a la amada *(2009).*
¿Esta condensación del lenguaje atiende a alguna proble-
mática estética o existencial en particular? Lo pregunto
porque la brevedad, en algún momento mientras te leía,
me hizo pensar en el fenómeno del silencio. Me pregunta-
ba si la forma se relaciona, de algún modo, a la búsqueda
de cierta omisión.

La brevedad es natural en cierta dimensión de mi
escritura. Decir lo más y más hondo con lo menos.
Además, mi voz mística sabe (como en mi heteróni-
mo Al-Mahad, de «Cantos a la amada») que la exten-
sión atenúa la intensidad. En el epigrama es igual,
aunque es un subgénero distinto, con otro destino.

Alguna vez me comentaste que al principio del exilio
«todo se viene encima y luego viene un orden en el tra-
bajo literario y en la experiencia». En tu caso, ¿cuándo
ocurrió esto?

Fue y es un largo proceso. No sé cuándo terminará.
Lo más probable es que sólo con la ausencia física
del exiliado.

¿Quieres decir, entonces, que no ha sucedido el orden en
estos ámbitos que mencionas?

Ese orden es relativo, ¿quién lo mide?

Has utilizado en algunas ocasiones el recurso de la he-
teronimia. ¿Piensas que ese recurso atiende a una cri-
sis de identidad relacionada directamente con el exilio,

*considerando que Antonio Machado nombró «comple-
mentarios» a sus heterónimos?*

La heteronimia en mí es más que un recurso retó-
rico o un seguidismo de Machado o Pessoa. Este
quería «aumentar el mundo», yo sólo doy carnali-
dad histórica a voces cuyo origen no conozco del
todo. Hasta puede ser una ventaja libertaria ese
desconocimiento.

¿Por qué un escriba de pie y no un escriba sentado?

El papel del escriba en el Egipto faraónico fue esen-
cial para el sistema. No sólo tenía que ver con la
administración burocrática del imperio, sino con la
política exterior, la economía, la religión y la ideolo-
gía. Era «el señor de la palabra» en un país de subido
analfabetismo. Existe generosa documentación so-
bre sus actividades y su influencia en los círculos del
poder. Hay figuras en que aparece sentado, hieráti-
co, llevando cuentas y asentando decretos. Así lo vi
en el Museo del Cairo y lo puse vertical en «Canción
del escriba de pie». Me pareció que esa verticalidad
era adecuada, para quitarlo del uso despectivo que se
le otorga generalmente. Además, darle la libertad de
crítica y autocrítica que en aquel momento históri-
co resultaba impensable. En parte, tal vez me sentí
identificado con él…

*¿Saúl Ibargoyen ha aceptado el exilio? ¿Cuál es tu res-
puesta, justo ahora que se cumplen 41 años de haber sa-
lido de Uruguay?*

La aceptación del exilio es un proceso extenso y hondo. Dos dimensiones de una experiencia que, lo dijimos, se atenúa pero no se anula. A 41 años de mi exilio en México (junio 1976-octubre 1984) puedo decir que de alguna manera lo retomé al regresar a México en 1990 para radicar en la ahora CDMX. Los sucederes fluyen de tal modo que no sabemos si el aire mueve las banderas o éstas mueven al aire. Aceptamos pensar que esto debe plantearse como una relación dialéctica.

Mencionas dos fechas importantes. En realidad tu exilio duró ocho años. ¿Por qué decidiste volver en 1990? ¿Qué impidió que te quedaras en un país donde recién había terminado un golpe de Estado? Ahora, al volver en 1990, puede decirse que ya no eras un poeta exiliado, dado que había concluido el conflicto que te orilló a salir de tu patria. ¿En qué circunstancia estabas volviendo en 1990? ¿Cómo llamarías a ese extranjero que dejó de ser exiliado a mediados de los 80?

Regresé a causa de múltiples problemas personales, no ajenos a la política en algún caso relevante. Mejor lo dejamos así. Simplemente, era necesario volver, un exilio al revés pero voluntario. Vuelvo a Uruguay todos los años, ya van casi 30 viajes...

¿Saúl Ibargoyen es un poeta mexicano?

Soy y no soy. Es una sensación vacilante, como la de ser poeta uruguayo. Estamos saturados de influencias, de resonancias, de voces. Metidos en la lengua madre que se nutre de otras y que nació de otras, pero es ella. Digamos que soy un poeta latinoamericano/caribeño, marxistaleninista y místico, con mucho apego a la poesía de Oriente y a otras poéticas designadas como «primitivas».

En la última charla que tuvimos, me dijiste que «la frontera es algo que siempre se está moviendo». ¿Puedes decirme qué sentido tiene esto en relación con tu obra literaria y con tu vida personal?

Sí, las fronteras se mueven, son trasladas por las personas en sus ires y venires, muros arriba o túneles debajo de las marcas y los límites. En verdad, son las personas las que trazan los límites, tanto físicos como simbólicos. El fronterizo, sobre todo en un ámbito bilingüe (como el que conocí), tiene tres opciones para la comunicación oral: dos idiomas y una mezcla o forma dialectal, sin gramática, que se conforma con la práctica. En lo personal, el uso del portuñol, primero en el habla y luego en la escritura, me liberó en la narrativa del español de Montevideo; me ayudó a enriquecer el vocabulario, me ayudó a la invención de palabras. Eso está plasmado en novelas y cuentos, pero no afectó la escritura versal, salvo mínimas excepciones.

¿Cuál de todos tus libros de poesía consideras que entraña más el sentimiento del exilio?

Tal vez el titulado *Exilios*, que es también un libro de viajes. Hay otros en los que se da la temática «exiliar», sobre todo la antología «El poeta y yo», compilada por el escritor uruguayo Hugo Giovanetti Viola.

En México, ¿cuáles fueron tus principales actividades como poeta del exilio uruguayo?; es decir, ¿cuál era tu labor frente a las colectividades del exilio?

Trabajé en el periodismo cultural y como coordinador de cursos y talleres literarios, en especial de poesía. Hasta ahora continúo con un taller, llamado Juntaversos, que comenzamos con Mariluz Suárez y Juan Carlos Castrillón hace casi 22 años. También laboré en Ediciones Eón durante varios años; bajo ese sello publiqué nueve títulos entre novela, cuento, poesía y testimonio. Con las colectividades del exilio tuve mucho contacto. No sólo personal, sino como parte de un colectivo uruguayo que disminuyó notablemente cuando se dio ocasión de regresar al país de origen. Todavía quedamos unos cuantos, no sé la cifra. De ellos, se formó hace unos años el Grupo de Frenteamplistas por la Izquierda, que integro; no estamos en la estructura del Frente Amplio, fuerza de gobierno en Uruguay. Realizamos una labor de información y análisis de la situación de nuestro país, emitimos declaraciones si alguna coyuntura lo amerita. Nuestro apoyo es crítico; además, hay relaciones con diversos grupos que apoyan la idea de la integración de Nuestra América.

¿Cuál es tu opinión acerca de la eficacia de las comunicaciones durante tu exilio? ¿Qué tipo de problemas se presentaban y de qué manera perjudicaron las relaciones

entre los miembros de estas colectividades que se mencionan en la pregunta anterior?

Nunca nuestros vínculos con esas colectividades fueron conflictivos. Hubo eventos políticos, artísticos y deportivos en conjunto, relacionados con la denuncia de las dictaduras en el Cono sur y América Central, el apoyo a la Revolución cubana y contra el imperialismo estadounidense. El contacto era permanente. Las dictaduras nos dispersaron y el exilio nos unió.

¿Con qué poetas de los diferentes exilios de América Latina te reunías aquí en México?

Son muchos. Recuerdo a Uriel Valencia, Jorge Boccanera, Fernando Nieto Cadena, Fernández Moreno, Alejandro Romualdo, Jorge Teillier, Ernesto Cardenal, Juan Gelman, Antonio Cisneros, Elvio Romero, Roberto Sosa, Otto Raúl González, Carlos Illescas... No todos eran exiliados, sucede que México se convirtió en un centro de atracción casi irresistible.

¿Experimentaste algún tipo de reclamo o exigencia por parte de tus compañeros uruguayos que no salieron durante la dictadura?

Sí, en varias ocasiones, uno hasta me dijo que había vivido «un exilio dorado»...

¿Cuál es tu opinión acerca del «exilio interno», que es como ha sido llamada la experiencia de los que no salieron del país durante la dictadura y que pagaron el precio del silencio frente a sus opositores?

Creo que es tema delicado, pues implicó mucho sufrimiento. Se debió más que nada al aislamiento, aunque no pocos lo rompieron participando en acciones sencillas, solidarias, contra la dictadura; muchos otros tenían miedo y vivían en bajo perfil permanente.

Háblame del regreso a tu tierra natal después del exilio. ¿Cómo fue ese momento? ¿Qué experimentaste? ¿Cuál fue la repercusión de este regreso en tu poesía?

La vuelta fue un proceso, más que un acto. Desde una recepción multitudinaria al primer grupo grande que regresaba (otros ya lo habían hecho, recuerdo a Alfredo Zitarrosa esperándonos en el aeropuerto), el 12 de octubre de 1989, hasta la caravana que nos acompañó por la rambla o malecón a la Ciudad vieja. Allí se realizó un acto en la sede de la Asociación de Bancarios del Uruguay, de la que soy afiliado. Mi madre y su hermana mayor iban en un taxi siguiendo al autobús que nos trasladaba. Era un día cálido, mucha gente estaba en la playa y nos saludaba con sincero entusiasmo. La emoción era tremenda, el encuentro con familiares y amigos, no sé a qué hora, terminó en desmesuradas ingestas de ron. El reacomodo inmediato no era posible. Volvíamos a otro país, muy cambiado, y nosotros los de antes, ya no éramos los mismos (Neruda). Hubo muchas decepciones… Ese extrañamiento aparece en cada viaje a Uruguay, voy año con año, ya van unos 30 nuevos regresos: es como si no saliera de México y no llegara nunca a Uruguay. ¿Dónde está uno parado? La repercusión de eso en mis versos no cesa, pues el exilio interior no se apaga. Varios libros y aun cuentos y novelas dan testimonio. Es un continuo que durará lo que dure mi respiración.

Saúl, me comentaste que «la casa es la madre misma» y que has vivido en 20 casas distintas a lo largo de tu vida. ¿Qué significa una casa para ti? ¿Hay alguna preocupación poética en torno a este tema?

Las mudanzas con mis familias y las personales se dieron, en general, por motivos económicos. Tal vez uno buscaba un vientre materno simbólico, una raíz para no extraviarse en los asuntos del mundo. A saber. Pero esa impermanencia se ajusta en parte a la del budismo zen y en parte a la dialéctica de la realidad. Uno se mueve para no oxidarse…

Cambiando un poco de tema, me gustaría que me respondieras, ¿qué fueron las Jornadas Culturales por el Exilio Uruguayo?

Se efectuaron en agosto de 1977, con un extraordinario apoyo de las autoridades. Todavía conservo recortes de prensa de esa época. Más allá de la presencia de otros exilios latinoamericanos, creo que con esa actividad cultural de varios días logramos presentarnos como un grupo que se integraría sin conflicto a la sociedad mexicana. Artistas, escritores, académicos de Nuestra América nos acompañaron y compatriotas del canto vinieron aquí. Aquello tuvo una repercusión considerable, ya que los medios se abrieron a nosotros, de seguro que para confirmar la postura del gobierno. También recibimos del pueblo de México apoyos afectivos e ideológicos que ayudaron en mucho a una integración muy compleja. Exiliados de aquellos momentos vivimos hoy aquí, con descendencia mexicana, amigas y amigos mexicana/os, colegas mexicanos, trabajamos, estudiamos, publicamos nuestra obra (¿dónde, si no?), y con nacionalidad mexicana, compartiendo penas y alegrías con lo que llamamos «nuestro pueblo». Es decir, nos volvimos más latinoamericano-caribeños que nunca.

Has mencionado en otra charla que «el exilio (tu exilio) inició antes del exilio». ¿A qué te refieres con esta sentencia?

Sí, cuando en tu propio país no puedes ejercer los mínimos derechos ciudadanos, cuando la democracia burguesa es también duramente afectada, cuando ciertos valores de tu sociedad se derrumban (aun con sus imperfecciones y diferencias de clase), cuando debes pedir permiso a la policía para festejar un cumpleaños… entonces estás en otro país que te rechaza, ésa es la diferencia de lo que pasó con México. Y debes luchar contra quienes generaron ese otro país, o sea, contra la dictadura neofascista dentro del Plan Cóndor del imperialismo para el Cono sur.

Y exiliado cuando, por ejemplo, los muchachos del barrio o de la escuela primaria me rechazaban o agredían… ¡porque yo usaba lentes! Y porque tenía una educación distinta, que los maestros percibían. En verdad, mi familia vivía modestamente, con carencias, pero en aquellos barrios predominaba la pobreza. Asimismo, exilio era cuando ya de joven me hostigaban por mis ideas de izquierda o porque escribía versos. Entonces me introducía en un exilio interior del cual no me he liberado del todo. Un concepto de soledad creativa, de ensoñación casi mística… Podría agregar otro, pero fue voluntario: cuando fui a vivir a la frontera norte de Uruguay con el sur de Brasil, en un punto donde se abrazan dos ciudades: Rivera, uruguaya, y Sant'Anna do Livramento, brasileña. Fue una gran experiencia de vida, aunque de ambos lados me veían como un cuerpo extraño: poeta, con ideas socialistas, empleado de banco y profesor de secundaria y preparatoria, en Rivera; y vinculado por matrimonio con la burguesía rural brasileña. Pasé momentos en verdad difíciles. Mas muchas cosas cambiaron para siempre, empezando por la influencia del portuñol en mi narrativa, hasta hoy. Ah, y el exilio de haber estado preso en tu propia patria…

¿Cómo definirías el exilo con el lenguaje poético?

Es complejo definir algo que se mueve, como la conocida teoría o principio de incertidumbre, de Heisenberg. Se genera todo un imaginario del exilio, que puede confundirse con el real.

¿México está en deuda con los poetas exiliados o viceversa, ellos con México? ¿En qué consiste esa deuda?

No creo que haya deuda alguna, en cuanto los poetas exiliados de tantos países se integren, sí, a la sociedad mexicana o a ciertos sectores de la misma de manera productiva. Por su parte, el país (hablando en general) los acoge y, aun con tropiezos y desencuentros, se produce, en términos genéricos, una adaptación no conflictiva. Eso sucede también con otros intelectuales.

¿En qué público piensa Saúl Ibargoyen cuando escribe?, ¿en el público mexicano o uruguayo?

La escritura creativa no permite (hablo sólo por mí) que el autor dirija su trabajo a «un público», ni siquiera a sí mismo. Uno escribe así, revisa, corrige, relee, hasta publica, pero no sabrá nunca si hubo destinatarios prefijados, rostros de lectores de capas medias, por ejemplo, salvo en casos de ciertas motivaciones con toques especialmente subjetivos. Las palabras son botellas al mar con su mensaje en la panza... Lo que sé es que en mis participaciones en foros, festivales, etc., en América Latina y el Caribe, en general resulto bien recibo. Y conozco poco a esos «públicos». La poesía nos une, o sea la palabra perenne.

¿Experimentaste algún tipo de problemáticas con el uso del lenguaje durante tus primeros años de exilio en México? Si es así, ¿cómo las resolviste?

Dificultades dentro de un mismo idioma, que no se desarticula, sino que se enriquece con distintas formas del habla, con otros ritmos, y que a veces pasan a la escritura. Las maneras que se dan en México son múltiples, eso en un inicio provocaba en mí complicaciones de comunicación, como en otros exiliados. Aun dentro del «exdefe» se percibían muchas diferencias, según las zonas de la gran urbe. Todo depende de las franjas sociales que uno frecuenta. Y uno las resuelve en la mera práctica, en las relaciones laborales, sociales, amicales, de pareja.

¿Cuál es tu opinión acerca de la poesía comprometida? ¿Hay algo de este concepto en tu obra?

Siempre hay un compromiso previo, el del uso del idioma y su tránsito hacia el discurso poético, que es un discurso de creatividad subjetiva y colectiva, es decir, un discurso liberador, autónomo de los discursos del poder. Aun dentro de una determinada tradición, o de nuevas modalidades, ese discurso de liberación debe manifestarse. El hecho de que en nuestra lengua se hayan abandonado casi del todo la rima y las estructuras clásicas, bajo la resonancia de las vanguardias del siglo pasado y movimientos posteriores, ha sido parte de esa liberación. Cuando se recurre a esos procedimientos retóricos por parte de algunos autores, como también sucede, aquéllos pueden refrescarse con los nuevos aires de la Historia. El otro compromiso está en lo ideológico y aun en lo político, y deriva del anterior. El poeta puede comprometerse con la izquierda o la derecha o ser neutral, lo que asimismo es compromiso.

Para ti, ¿cuál es la utilidad de la poesía y cuál el valor moral del poeta?

Ayuda a percibir la realidad desde otras perspectivas, porque las palabras vienen de la realidad, de la acción social, de las operaciones de nuestra especie sobre el sistema mundo. Si hasta en el discurso político, mediático, deportivo, religioso, económico, etc., se dan con frecuencia asomos que podemos considerar como poéticos. Después de todo, lo que entendemos por poesía, viene desde la antigüedad en función de la interrelación de la especie con las realidades físicas, que fueron bautizadas. Por tanto, modificadas cultural y espiritualmente. No sé si es útil, sé que resulta un producto inevitable de la cultura. Los valores éticos importan más que los morales. Según decía Robert Graves: «El poeta es dueño de su verdad, y ésta no se renta ni se vende», o algo así.

Toda dictadura se ha planteado una reestructuración de valores dentro de la cultura. ¿Consideras que el papel del poeta exiliado es realizar una crítica y promover la prevalencia de dichos valores que fueron puestos en riesgo?

Sí, el poeta exiliado (y no sólo el poeta) tiende a cuestionar los valores impuestos por las dictaduras. Se produce una relaboración de esos valores, una especie incluso de autocrítica o de percibir que el país de origen no era lo que habíamos internalizado. Eso se da en la propia obra, pero asimismo en las actividades políticas y culturales compartidas con muchos compatriotas de exilio. Es asunto incluido en la lucha ideológica general. Aquí, en nuestra experiencia mexicana, las mencionadas Jornadas de la Cultura Uruguaya de 1977 fueron el evento colectivo mayor, y alcanzaron extraordinaria receptividad en cuanto a afirmar valores democráticos y progresistas.

¿La literatura del exilio manifiesta algún tipo de derrota?

Derrotas hay casi siempre. ¿Cómo arribar a la palabra deseada? El ser humano está hecho esencialmente de palabras. El verbo es carne. Inventó la poesía hace cuatro o cinco mil años, bautizó el mundo hasta ahora. Por tanto, en lo personal, me agrego a ese fluir de modo natural. El verbo poético es sagrado porque la vida misma lo es. Tal vez todo sea sagrado, aunque el sistema capitalista y las formaciones autoritarias que vemos en la Historia no lo acepten así. Rebasa lo personal, se expande aunque no se perciba. Pero según el estado del *sistema mundo*, en esta coyuntura de crisis dentro de la crisis, ¿quién puede decir lo que pasará? ¿Más derrame de conflictos, más hambrunas, más pobreza, más concentración de riqueza, más matazones, más terrorismo de signo diverso, guerra nuclear?

Si partimos de que la poesía es un discurso encaminado hacia una verdad (una verdad que en sí misma es un

*marcador de la existencia) del mundo y del hombre, ¿cuál
es para ti esta verdad?*

Habría que buscar ejemplos. En esa literatura hacia la verdad, a veces durísima y descarnada, siempre había una grieta de esperanza, por la obsesión de volver al país de origen. La verdad suele doler, ella es lo existente que debe ser iluminado, asimilado a la experiencia, para alcanzar tal vez verdades más altas. Por ejemplo, escribir sobre la tortura, bajo esos regímenes dictatoriales, significaba una denuncia pero asimismo un desahogo, una liberación y una necesidad de justicia a corto o largo plazo. En Uruguay, en ese tema se avanzó, mas hay mucho que hacer todavía, asunto que ya debía haber sido resuelto por los gobiernos progresistas. Pero es otro tema. Toda verdad debe ser compartida, como el agua o los alimentos o la poesía o la justicia social. Esa verdad debe basarse en un planeta Tierra que sea respetado como una partícula de vida fecunda en medio de infinitos universos. Una verdad que nos ayude a develar el sentido de nuestra presencia en el Cosmos, si es que ese sentido existe; una verdad construida con miles de millones de verdades. Una verdad aislada tiende a desaparecer.

La poesía, como testimonio estético, ¿qué importancia tiene dentro la historia personal de un hombre? ¿Crees que su impacto tenga mayores alcances que rebasen lo personal? En la historia latinoamericana, por ejemplo, ¿tu poesía, junto con la de otros poetas del exilio, formará

*parte de un documento que deje constancia de los aconte-
cimientos sociales más impactantes del siglo xx?*

Sí, así es. Pero no es sólo tarea de los poetas. Difícilmente podemos decir hoy que «el poeta es boca de su pueblo». La mayoría no tiene mucha comunicación sensible (o ideológica) con la sociedad de masas, por más que existan el internet, la página *web*, las editoriales, etcétera. Las sociedades «posmodernas», sobre todo las desarrolladas, o como se les llame, están sometidas y –valga lo contradictorio– encerradas en la globalización producida por la expansión del sistema capitalista salvaje. Es la época de la mentira, de la desinformación, de las falsas verdades, de la *doxa*, de la posverdad. Muchos sistemas de enseñanza prescinden del valor en sí de la poesía, pero también de la filosofía, de la ciencia, de la Historia. Una forma de respuesta está en que los poetas –los artistas en general–, ubicados fuera del mercado cultural, generen sus propios medios de producción y distribución. Existen muchos ejemplos en varios países y el fruto de esa propuesta es estimulante.

¿Tiene la poesía la facultad de reincorporar al individuo a la historia? Es decir, ¿puede la poesía recuperar el papel existencial del ser humano?

Ese rol puede ser compartido con la filosofía y con la ciencia y la técnica al servicio de la humanidad, y con las luchas sociales y la mera vida cotidiana. La poesía es también acción espiritual transferida desde las limitaciones de la necesidad hacia el reino de la libertad.

¿Es correcta la expresión «poeta exiliado»? ¿Te parece acertada o piensas que es más como una etiqueta que puede llegar a incomodar?

Mejor que sea poeta, nada más. La creatividad está por encima de las etiquetas. Volvemos a ratificar que lo importante es el sitio desde el cual se escribe, un punto tan real como imaginario, tan oscuro como evidente.

Si te pidiera definir tu obra poética en unas cuantas palabras, ¿cómo lo harías?

Es un discurso imperfecto-tradicional-lírico-épico-neosurrealista-místico-coloquial sustentado por la aparente realidad de lo conocido.

Carlos López:
la poesía, el exilio
y la nostalgia por el mundo

Carlos, ¿cuál fue la razón de tu exilio en México? ¿Podrías darnos detalles?

La causa fue política. Me vine huyendo de la dictadura militar de Fernando Romeo Lucas García para salvar la vida. Llegué a México el 6 de julio de 1980. Atravesé el río Suchiate en una canoa hecha de tablas y la cámara inflada de un tractor. Me vine de mojado sin mojarme. Me costó un dólar la atravesada. En previsión de cualquier arresto en territorio mexicano, mi amigo Ovidio Cifuentes había sacado un acta de nacimiento falsa en Ciudad Hidalgo, y yo me había aprendido las dos primeras estrofas del himno nacional, además de que conocía parte de la historia de México. Los detalles de la aventura son un poco largos. Ocuparían varias páginas. Éste tal vez no es el lugar para responder de manera minuciosa.

¿Por qué decidiste que fuera México el lugar de tu refugio político?

Había leído mucho sobre México. Siempre me interesó la cultura mexicana. Y era el país más cercano que no estaba en guerra en ese entonces. Además, tengo una hermana que ya vivía en la Ciudad de México desde hacía mucho tiempo. Era la única persona a la que conocía y con ella tenía asegurado techo y comida. Cuando me vio en la puerta de su casa, sólo atinó a preguntar qué me había pasado. Le dije que nada, que sólo venía por un corto tiempo.

¿Cuándo terminó tu exilio?

Ése no termina nunca. Un exilio es una losa. De un exilio no se vuelve nunca.

¿Cómo fue tu regreso a Guatemala?

Volví para despedir por última vez a mis padres. Ella murió el 7 de agosto y él, el 20 de diciembre de 1996. Estuve por la noche velándolos, y al día siguiente del entierro volví a México. Ésa fue la primera vez que regresé a Guatemala. Pasaron otros 16 años para que volviera, el 30 de enero de 2012. Recibí una llamada de alguien que no conocía, Ana Regina Toledo, para invitarme a un homenaje que organizaba la Fundación Mario Monteforte Toledo, de la que ella es presidente. No sé qué estaba pensando cuando le dije que sí, pero en cuanto colgué el teléfono quise devolver la llamada para decir que no, que me arrepentía, no tenía su número de teléfono para hablarle. Estuve en el acto el martes 31 de enero y me regresé el jueves 2 de febrero.

¿Eres naturalizado mexicano?

No.

¿Carlos López es un poeta mexicano?

No. Me gusta pensar en el lenguaje español como mi patria. Es donde mejor me siento.

A diferencia de otros poetas como Saúl Ibargoyen y Diana Morán, por mencionar sólo algunos, te exiliaste muy joven, a la edad de 26 años. ¿Escribías poesía desde antes de tu exilio o fue el exilio un motivo para comenzar a escribir poesía?

No, en Guatemala trabajaba como maestro y estudiaba derecho y ciencia política. Nada que ver con literatura. Empecé a aprender a escribir poesía hace muy pocos años y todavía sigo en el proceso de aprendizaje.

¿Cómo definirías la poesía del exilio? ¿Se diferencia de otros discursos de la lírica?

No, en esencia, porque la nostalgia por la patria es la nostalgia por el mundo. El poeta es un exiliado por naturaleza. El exilio físico no hace sino exacerbar el exilio interno.

¿Consideras que tu condición como exiliado —o como migrante, una vez que terminó el exilio— es un rasgo dentro de tu poesía? ¿Cómo se manifiesta?

No. El exilio me persigue a donde voy. El estado guatemalteco dejó de perseguirme y me volví perseguidor de mi destino.

Tu poesía, a diferencia de la de otros poetas del exilio latinoamericano en México que he tenido oportunidad de revisar y que tiene muy marcada la desazón del destierro, toca temas diversos, como la ciudad y el amor, la naturaleza y la existencia, entre otros. Sin embargo, hay una constante que también se observa en la poesía de estos poetas a los que aludo, y es el salto de la elegía al poema breve, proverbial o contemplativo. En tu caso es más el desarrollo de una poesía contemplativa, como el haiku; además del tono epigramático que alcanzas en el calambur o el palíndromo. Eres, acaso, uno de los poetas que más ha trabajado el haikú en México en las últimas décadas. ¿Cuál crees que sea la principal razón de este salto discursivo y de plataforma retórica? ¿Tiene relación con algún tipo de silencio, como se enuncia en tu poema «La negación de la negación»: «Supimos que gritar era más cruel que callarse / y nos llenamos de silencios. / Terminamos por negar lo que sabíamos»?

Escribo sobre mis recuerdos de niñez. Mis versos salen de la memoria. Es mi modo de conservar el mundo donde nací y que ya fue destruido de la manera más despiadada por el hombre. Pretendo crear mundos paralelos sin perder la conciencia de la responsabilidad con el mundo real. Decidí no escribir sobre el exilio, porque ya casi todo está dicho de mejor manera. Donde me siento más libre es en las formas breves y en el verso medido. Esto surgió de manera natural.

«Detrás de la hoja en blanco | hay un campo de algodón en flor», dices en uno de los poemas de tu libro Vado ancho; ¿es el silencio una flor que dice algo sustancial sobre cómo habitar el mundo, cómo vestirlo y asumirlo?

Esos versos los escribí pasados los 50 años cuando me vi de cinco años (las manos pequeñas son mejores para meterlas entre las ramas de las matas y para evitar ser cortados con las puntas de las flores que parecen espinas) tapizcando algodón en el parcelamiento La Blanca, cerca del puerto Ocós. En ese entonces no sabía qué era una hoja de papel, menos que el algodón se usaba para fabricarla. El blanco de las flores en las matas y el blanco del papel, y la geometría de un campo de algodón y una hoja de papel *bond* los vi al imaginar al piloto de la avioneta que pasaba echando DDT, a las 11 de la mañana, hora en que teníamos que guarecernos debajo de las hojas de las matas del surco donde habíamos cortado el algodón de las flores. No nos salíamos del surco para aprovechar que el algodón estaba húmedo y así meterlo en la bolsota que arrastrábamos hasta que se llenara. Tu pregunta poética es una afirmación.

En tu poema «12:15» la voz poética enuncia: «tengo letras, no palabras; | nombres mutilados, puertas sin cerrar. | Junto a mi mesa, una máscara». ¿Usa el poeta una máscara además de la máscara del lenguaje?

El creador en general usa máscaras. El poeta que más usó en la historia fue Pessoa: inventó 136 heterónimos.

En el fragmento citado en la pregunta anterior, me parece, se experimenta cierta desesperación frente al lenguaje, la palabra poética que enuncia los nombres. En este sentido, ¿cuál es la labor del poeta sumergido en el raudal de las letras?

Sí, es la desesperación de ser alfabetizado pero no tener la magia de poder hilar una palabra delante de otra. Es la incapacidad de atrapar el todo, de tener sólo fragmentos, ideas sueltas, pero no una idea clara, la iluminación.

Hablando de letras y de lenguaje, algo muy importante que te ha permitido aportar luz a la cultura mexicana es el oficio de editor. Hoy en día, la Editorial Praxis, pese a las dificultades que ha enfrentado en los últimos años, es una editorial relevante en América Latina. ¿Podrías hablar de los orígenes de esta editorial y hablarnos de sus logros más representativos?

De los orígenes, sí; de los logros, si hay, que hablen los demás. El taller lo fundé en 1981, cuando me quedé sin trabajo en el Instituto Nacional de Administración Pública. Empecé con una máquina IBM composer electrónica que me vendieron por un anuncio que puse sin esperanzas en «El Aviso Oportuno» de *El Universal*. La máquina –que me vendieron en 165 mil pesos– estaba empeñada en el

Monte de Piedad de Azcapotzalco; cuando me la entregó el dueño de la boleta, estaba empolvada y descompuesta. En ese entonces la IBM tenía el monopolio hasta de los técnicos que reparaban esas máquinas. Sólo hacían reparaciones a máquinas compradas o rentadas en sus tiendas, con la adquisición de un seguro de reparación. Un señor que llegaba a reparar la máquina del fotolito donde me subarrendaron un cuarto se apiadó e hizo la reparación de la máquina que me acompañó hasta el año 2000, cuando me la robaron. Empecé como un taller de prestación de servicios editoriales. Desde entonces se llama Editorial Praxis.

En el premio internacional de poesía que organizas cada año, a través de Praxis, el público mexicano tiene a su alcance libros de poesía escritos en lengua española por autores contemporáneos. ¿Cómo piensas que recibe la crítica este tipo de obras que surgen de un concurso organizado por una editorial independiente?

Para la crítica somos invisibles; también para los medios. Es curioso que cada año llegan más trabajos, de más países, hasta de lugares donde no se habla español como lengua oficial. Eso le da otro carácter al premio y eso hará que sobreviva.

Estas obras que nacen del Premio de Poesía Editorial Praxis, ¿tienen mejor recepción en el extranjero, en los diferentes países de los autores que lo han ganado?

No sé. Pero es posible que así sea.

Personas como tú han contribuido mucho al campo de las letras en México. Pienso en tu labor como editor, educador y escritor, principalmente. ¿Has sentido reciprocidad entre lo que dejas a la cultura mexicana y lo que ella te deja o piensas que hay algún tipo de deuda en alguna de las dos partes?

Me nutro todos los días de la inmensa cultura mexicana. Estoy en deuda permanente con lo que me ha dado.

Se percibe minuciosidad en tu poesía. Cada uno de los poemas que se leen en tus libros son artefactos de lenguaje que buscan precisión y limpieza. ¿Cómo relacionas esta característica de tu poesía con el trabajo de la edición, considerando que has editado más de 1000 libros hasta ahora?

Cuando hago la corrección de originales hago sugerencias sobre las ventajas de eliminar ripios, de usar más los signos de puntuación en lugar de paráfrasis, sobre el uso adecuado de las categorías gramaticales. Trato de limpiar de paja los textos y de concientizar a los autores sobre la elegancia del laconismo entendido como virtud, no como vicio de la redacción. Quito repeticiones innecesarias; corrijo anacolutos, galimatías, cacofonías; pongo y elimino acentos; le doy respiración al fraseo, lo saco del estado de coma.

¿El tiempo que le has dedicado a la edición de libros ha impedido que seas más prolífico en tu obra poética?

A lo mejor ha sido mi salvación o la causa de preferir las formas breves.

Recordando mis visitas a las que antes fueron las instalaciones de la Editorial Praxis, antes de que desapareciera injustamente, veo a Carlos López rodeado de escritorios y de pinturas, de reconocimientos y piezas artesanales únicas; pero, sobre todo, rodeado de libros, miles de libros que daban forma a los muros de la editorial. ¿Qué es el libro para Carlos López?

Es mi mejor amigo.

¿Cuáles son los planes de Carlos López en torno a la poesía?

Plan, ninguno, pero deseo que viva siempre y que seamos capaces de encontrarla en todos los momentos de nuestra vida. Si no la escribimos, no pasa nada. Si no hay quien la publique, tampoco. Necesitamos poesía que nos ayude a vivir; necesitamos vivir la poesía, sentir el estado poético.

Corteza de la otra orilla es un libro que se dio a conocer en el extranjero a partir del premio de literatura más importante de Guatemala que recibiste hace unos años, el Premio Nacional de Literatura Miguel Ángel Asturias. ¿Consideras que se trata de tu mejor libro? ¿Por qué?

El Premio Nacional de Literatura Miguel Ángel Asturias lo otorgan por obra completa, no por un libro. Es un comité de escritores el que decide a quién se lo dan. No creo que sea mi mejor libro; no tengo algo que no deje de ruborizarme por pena.

Cuando escribes, ¿en qué público piensas? ¿En el mexicano, el guatemalteco o en un público más amplio?

En nadie, en nada pienso.

Si te pidieran colocar tu obra poética dentro de alguna tradición, ¿en dónde la colocarías?

Es difícil pensar en eso. Tener algunos lectores es ganancia y que cada uno la ponga en su lugar.

¿Cómo definirías el exilio?

Aunque se le asocia con la salida forzada de la patria por cuestiones políticas, el exilio también puede ser propiciado por cuestiones económicas. Estados Unidos y la Unión Europea son los territorios con el mayor exilio del mundo. Muchas veces se emigra sin que medie la violencia del Estado; la gente que lucha por sus ideas y que se opone al sistema politicoeconómico se harta y se destierra. También existe el exilio interno de cada uno.

¿El exilio se asemeja más a una enfermedad o a una etiqueta que pone la sociedad?

Es la definición de una realidad. Ser exiliado es un orgullo y una tristeza.

Semblanzas

Homero Carvalho Oliva (Beni, Bolivia, 1957) es poeta, narrador y gestor cultural. *Cuerpos* (1995), *Las puertas* (2006), *Los reinos dorados* (2007), *El cazador de sueños* (2010), *¿De qué día es esta noche?* (2017), *Biografía de un otoño* (1983), *El rey ilusión* (2016), *Seres de palabras* (1991), *Territorios invadidos* (1992), *Ajuste de cuentos* (1999), *Memoria de los espejos* (1996), *La maquinaria de los secretos* (2008) y *El espíritu de las cosas* (2003) son algunos de sus libros de poesía, cuento y novela. Su obra literaria ha sido publicada en otros países y traducida a varios idiomas. Figura en más de treinta antologías nacionales e internacionales de cuento y poesía, entre las que destacan *Antología del cuento boliviano contemporáneo*, *The fatman from La Paz*, *El nuevo cuento latinoamericano*, *Profundidad de la memoria*, *Antología del microrrelato*, *Se habla español*, *Nueva Poesía Hispanoamericana*, *Memoria del XX Festival Internacional de Poesía de Medellín*, *Festival de Poesía de Lima* y *Poetas del Oriente boliviano*. Ha obtenido varios premios a nivel nacional e internacional, como el Premio Latinoamericano de Cuento 1981, en México, el Latin American Writers Institute 1989, en New York, USA, dos veces el Premio Nacional de Novela 1996-2008, el Premio Nacional de Poesía 2012 y el Premio Nacional de Literatura Feria Internacional del Libro 2016. Estuvo exiliado en México de 1980 a 1981.

Pedro Salvador Ale (Libertador San Martín, Jujuy, Argentina, 1954) es poeta, editor y gestor cultural. Obtuvo la nacionalidad mexicana en 2003. Ha publicado una treintena de libros de poesía, varios de ellos con más de una edición, entre los que destacan: *Manuscritos de la memoria del sueño* (1983), *Sobre las cicatrices del tiempo* (1984), *De biografías, monstruos y pájaros migratorios* (1985), *El alucinante viaje del afilador de cuchillos* (1986), *Navegaciones* (1991), *La danza del guerrero* (1996), *Aromas* (1999), *Yosadhara* (2000), *Los reinos del relámpago* (Antología poética 1973-2003) (2003), *Puentes* (2006), *Volar de ver de volar* (2010), *Antología esencial* (1973-2013) (2013), *Nada que perder* (2014), *Libertad condicional* (1975-1985) (2015) y *Deslumbramientos de travesía* (2016). Obtuvo, entre otros, el Premio Nacional de Poesía Joven de México Elías Nandino 1985, el Premio Nacional de Poesía Clemente López Trujillo 1986 y el Premio Iberoamericano Bellas Artes de Poesía Carlos Pellicer 1991. En 1977 se exilió en México y desde entonces radica en Toluca, Estado de México.

Saúl Ibargoyen (Montevideo, Uruguay, 1930-Ciudad de México, 2019) fue poeta, narrador, editor, traductor, miembro de la Academia Nacional de Letras de Uruguay, asesor de ediciones en Eón y coordinador de talleres de creatividad poética. Obtuvo la nacionalidad mexicana en 2001. Publicó 70 libros de poesía, novela, cuento, ensayo, testimonio y teatro para niños. *Erótica mía* (1982), *La sangre interminable* (1982), *Basura y más poemas* (1991), *Cuento a cuento* (1997), *Toda la tierra* (2000), *El escriba de pie* (2002), *¿Palabras?* (2006), *La última copa* (2006), *La musa en calzones* (2008), *El torturador* (2010), *Volver... volver* (2012), *Perro de soledad* (2013), *Tango negro* (2013) y *Llorar pa' adelante* (2013) son algunos de sus libros. Su obra, traducida a 13 idiomas, ha sido distinguida con premios en varios países, como el Premio Iberoamericano Bellas Artes de Poesía Carlos Pellicer 2002. Llegó a México como exiliado en 1976, donde vivió hasta su muerte en 2019.

Carlos López (Pajapita, San Marcos, Guatemala, 1954) es poeta y editor. Autor de los libros de ensayos *Herrar es de humanos* (2019), *Sólo la errata permanece* (2012), *Pasión por el libro* (2011), *Asteriscos* (2011), *El que a yerro* (2009), *Diccionario esencial de la lengua española* (2009), *Helarte de la errata* (2005), *Voces de Guatemala* (2005), *Redacción en movimiento. Herramientas para el cultivo de la palabra* (2003) y del *Diccionario biobibliográfico de literatos guatemaltecos* (1993); de los libros de calambures *A veces arde Roma* (2010) y *Uso de los anteojos para todo género de vistas* (1996); de los libros de palíndromos *Ají traga la lagartija* (2013), *Sé ver breves* (2011), *Aten al planeta* (2007), *Naves se van* (2003) y *La roca coral* (2002); de las antologías *Consejos para escritores* (2017), *Desde el fondo de la tierra, poetas jóvenes de Oaxaca* (2012),

Los siete pecados capitales: la lujuria (2008), *Decálogos, mandamientos, credos, consejos y preceptos para oficiantes de la escritura* (2006), *Los poemas de la poesía* (tomo I, 2001; II, 2003; III, 2012), *Poética de Carlos Illescas* (2001) y *Arder sobre la hoja. Poética de Humberto Ak'abal* (2000); de las plaquettes de poesía *Relámpago nocturno* (1999) y *Vado ancho* (1998), y de ensayo *Tito, biografía mínima* (2003); de los libros de poesía *Corteza de la otra orilla* (2012), *Almendranada* (2011), *Bellotas de agua* (2000) y *Fuego azul* (1997). Ha obtenido diferentes premios, como el Premio Nacional de Literatura Miguel Ángel Asturias 2012. Es director de Editorial Praxis. Vive en México desde 1980, año en que llegó como exiliado.

Índice